做一个理想的法律人

To be a Volljurist

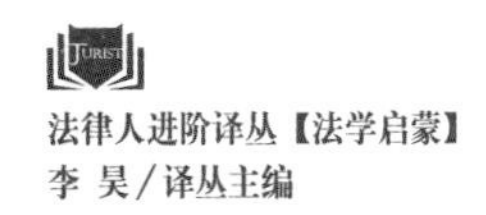

法律人进阶译丛【法学启蒙】

李 昊／译丛主编

法学之门

学会思考与说理

第4版

Path to Legal Studies

The Art of Thinking and Reasoning (Fourth Edition)

〔日〕道垣内正人／著

张 挺／译

著作权合同登记号　图字:01-2020-2636
图书在版编目(CIP)数据

法学之门：学会思考与说理：第4版／(日)道垣内正人著；张挺译. —北京：北京大学出版社，2021.7
(法律人进阶译丛)
ISBN 978-7-301-32263-5

Ⅰ.①法…　Ⅱ.①道…　②张…　Ⅲ.①法学　Ⅳ.①D90

中国版本图书馆CIP数据核字(2021)第121229号

书　　名　法学之门：学会思考与说理(第4版)
FAXUE ZHI MEN: XUEHUI SIKAO YU SHUOLI(DI-SI BAN)
著作责任者　〔日〕道垣内正人　著　张挺　译
丛书策划　陆建华
责任编辑　陆建华　陆飞雁
标准书号　ISBN 978-7-301-32263-5
出版发行　北京大学出版社
地　　址　北京市海淀区成府路205号　100871
网　　址　http://www.pup.cn　http://www.yandayuanzhao.com
电子邮箱　编辑部 yandayuanzhao@pup.cn　总编室 zpup@pup.cn
新浪微博　@北京大学出版社　@北大出版社燕大元照法律图书
电　　话　邮购部 010-62752015　发行部 010-62750672
编辑部 010-62117788
印 刷 者　三河市北燕印装有限公司
经 销 者　新华书店
880毫米×1230毫米　A5　7印张　145千字
2021年7月第1版　2023年10月第5次印刷
定　　价　38.00元

“法律人进阶译丛”编委会

做一个理想的法律人（代译丛序）

近代中国的法学启蒙受自日本，而源于欧陆。无论是法律术语的移植、法典编纂的体例，还是法学教科书的撰写，都烙上了西方法学的深刻印记。即使是中华人民共和国成立后兴盛过一段时期的苏俄法学，从概念到体系仍无法脱离西方法学的根基。20 世纪 70 年代末，借助于我国台湾地区法律书籍的影印及后续的引入，以及诸多西方法学著作的大规模译介，我国重启的法制进程进一步受到西方法学的深刻影响。当代中国的法律体系可谓奠基于西方法学的概念和体系之上。

自 20 世纪 90 年代开始的大规模的法律译介，无论是江平先生挂帅的“外国法律文库”“美国法律文库”，抑或许章润、舒国滢先生领衔的“西方法哲学文库”，以及北京大学出版社的“世界法学译丛”、上海人民出版社的“世界法学名著译丛”，诸多种种，均注重于西方法哲学思想尤其英美法学的引入，自有启蒙之功效。不过，或许囿于当时西欧小语种法律人才的稀缺，这些译丛相对忽略了以法律概念和体系建构见长的欧陆法学。弥补这一缺憾的重要转变，应当说始自米健教授主持的“当代德国法学名著”丛书和吴越教授主持的“德国法学教科书译丛”。以梅迪库斯教授的《德国民法总论》为开篇，德国法学擅长的体系建构之术和鞭辟入里的教义分析方法进入中国法学的视野，辅以崇尚德国法学的我国台湾地区法学教科书和专著的引入，德国法学在中国当前的法学教育和法学研究中日益受到尊崇。然而，“当代德国法学名著”丛书虽然遴选了德国当代法学著述中的上乘之作，但囿于撷取名著的局限及外国专家的视角，丛书采用了学科分类的标准，而未区分注重体系层次的基础教科书与偏重思辨分析的学术专著，与戛然而止的“德国法学教科书译丛”一样，在基础教科书书目的选择上尚未能充分体现当代德国法学教育的整体面貌，是为缺憾。

职是之故，自2009年始，我在中国人民大学出版社策划了现今的“外国法学教科书精品译丛”，自2012年出版的德国畅销的布洛克斯和瓦尔克的《德国民法总论（第33版）》始，相继推出了韦斯特曼的《德国民法基本概念（第16版）（增订版）》、罗歇尔德斯的《德国债法总论（第7版）》、多伊奇和阿伦斯的《德国侵权法（第5版）》、慕斯拉克和豪的《德国民法概论（第14版）》，并将继续推出一系列德国主流的教科书，涵盖了德国民商法的大部分领域。该译丛最初计划完整选取德国、法国、意大利、日本诸国的民商法基础教科书，以反映当今世界大陆法系主要国家的民商法教学的全貌，可惜译者人才梯队不足，目前仅纳入

“日本侵权行为法”和“日本民法的争点”两个选题。

系统译介民商法之外的体系教科书的愿望在结识季红明、查云飞、蒋毅、陈大创、葛平亮、夏昊晗等诸多留德小友后得以实现，而凝聚之力源自对“法律人共同体”的共同推崇，以及对案例教学的热爱。德国法学教育最值得我国法学教育借鉴之处，当首推其“完全法律人”的培养理念，以及建立在法教义学基础上的以案例研习为主要内容的教学模式。这种法学教育模式将所学用于实践，在民法、公法和刑法三大领域通过模拟的案例分析培养学生体系化的法律思维方式，并体现在德国第一次国家司法考试中，进而借助第二次国家司法考试之前的法律实训，使学生能够贯通理论和实践，形成稳定的“法律人共同体”。德国国际合作机构（GIZ）和中国国家法官学院合作的《法律适用方法》（涉及刑法、合同法、物权法、侵权法、劳动合同法、公司法、知识产权法等领域，由中国法制出版社出版）即是德国案例分析方法中国化的一种尝试。

基于共同创业的驱动，我们相继组建了中德法教义学QQ群，推出了“中德法教义学苑”微信公众号，并在《北航法律评论》2015年第1辑策划了“法教义学与法学教育”专题，发表了我们共同的行动纲领：《实践指向的法律人教育与案例分析——比较、反思、行动》（季红明、蒋毅、查云飞执笔）。2015年暑期，在谢立斌院长的积极推动下，中国政法大学中德法学院与德国国际合作机构法律咨询项目合作，邀请民法、公法和刑法三个领域的德国教授授课，成功地举办了第一届“德国法案例分析暑期班”并延续至今。2016年暑期，季红明和夏昊晗也积极策划并参与了由西南政法大学黄家镇副教授牵头、民商法学院举办的“请求权基础案例分析法课程暑期培训班”。2017年暑期，加盟中南财经政法大学法学院的“中德法教义学苑”团队，成功举办了“案例分析暑期培训班”，系统地在民法、公法和刑法三个领域以德国的鉴定式模式开展了案例分析教学。

中国法治的昌明端赖高素质法律人才的培养。如中国诸多深耕法学教育的启蒙者所认识的那样，理想的法学教育应当能够实现法科生法律知识的体系化，培养其运用法律技能解决实践问题的能力。基于对德国奠基于法教义学基础上的法学教育模式的赞同，本译丛期望通过德国基础法学教程尤其是案例研习方法的系统引入，循序渐进地从大学阶段培养法科学生的法律思维，训练其法律适用的技能，因此取名“法律人进阶译丛”。

本译丛从法律人培养的阶段划分入手，细分为五个子系列：

——法学启蒙。本子系列主要引介关于法律学习方法的工具书，旨在引导学生有效地进行法学入门学习，成为一名合格的法科生，并对未来的法律职场有一个初步的认识。

——法学基础。本子系列对应于德国法学教育的基础阶段，注重民法、刑法、公法三大部门法基础教程的引入，让学生在三大部门法领域中能够建立起系统的知识体系，同时也注重扩大学生在法理学、法律史和法学方法等基础学科上的知识储备。

——法学拓展。本子系列对应于德国法学教育的重点阶段，旨在让学生能够在三大部门法的基础上对法学的交叉领域和前沿领域，诸如诉讼法、公司法、劳动法、医疗法、网络法、工程法、金融法、欧盟法、比较法等有进一步的知识拓展。

——案例研习。本子系列与法学基础和法学拓展子系列相配套，通过引入德国的鉴定式案例分析方法，引导学生运用基础的法学知识，解决模拟案例，由此养成良好的法律思维模式，为步入法律职场奠定基础。

——经典阅读。本子系列着重遴选法学领域的经典著作和大型教科书（Grosse Lehrbücher），旨在培养学生深入思考法学基本问题及辨法析理之能力。

我们希望本译丛能够为中国未来法学教育的转型提供一种可行的思路，期冀更多法律人共同参与，培养具有严谨法律思维和较强法律适用能力的新一代法律人，建构法律人共同体。

虽然本译丛先期以德国法学教程和著述的择取为代表，但是并不以德国法独尊，而是注重以全球化的视角，实现对主要法治国家法律基础教科书和经典著作的系统引入，包括日本法、意大利法、法国法、荷兰法、英美法等，使之能够在同一舞台上进行自我展示和竞争。这也是引介本译丛的另一个初衷：通过不同法系的比较，取法各家，吸其所长。也希望借助本译丛的出版，展示近二十年来中国留学海外的法学人才梯队的更新，并借助新生力量，在既有译丛积累的丰富经验基础上，逐步实现对外国法专有术语译法的相对统一。

本译丛的开启和推动离不开诸多青年法律人的共同努力，在这个翻译难以纳入学术评价体系的时代，没有诸多富有热情的年轻译者的加入和投入，译丛自然无法顺利完成。在此，要特别感谢积极参与本译丛策划的诸位年轻学友和才俊，他们是：留德的季红明、查云飞、蒋毅、陈大创、黄河、葛平亮、杜如益、王剑一、申柳华、薛启明、曾见、姜龙、朱军、汤葆青、刘志阳、杜志浩、金健、胡强芝、孙文、唐志威，留日的王冷然、张挺、班天可、章程、徐文海、王融擎，留意的翟远见、李俊、肖俊、张晓勇，留法的李世刚、金伏海、刘骏，留荷的张静，等等。还要特别感谢德国奥格斯堡大学法学院的托马斯·M. J. 默勒斯（Thomas M. J. Möllers）教授慨然应允并资助其著作的出版。

本译丛的出版还要感谢北京大学出版社副总编辑蒋浩先生和策划编辑陆建华先生，没有他们的大力支持和努力，本译丛众多选题的通过和版权的取得将无法达成。同时，本译丛部分图书得到中南财经政法大学法学院徐涤宇院长大力资助。

回顾日本的法治发展路径，在系统引介西方法律的法典化进程之后，将是一个立足于本土化、将理论与实务相结合的新时代。在这个时代中，中国法律人不仅需要怀抱法治理想，还需要具备专业化的法律实践能力，能够直面本土问题，发挥专业素养，推动中国的法治实践。这也是中国未来的“法律人共同体”面临的历史重任。本译丛能预此大流，当幸甚焉。

李 昊

2018 年 12 月

译者序

2020年5月，《中华人民共和国民法典》通过后，译者收到久未联系的高中老师的消息，问有没有关于民法典的普法读物。译者一时竟然说不出有什么读物，请教了几位民法学者，得到的回答是“还是看看法条吧”，语气中明显有几分无奈。被其他部门法戏谑为“民法帝国主义”的民法世界里，虽然学术著作汗牛充栋，但是竟然难觅针对非法律人士的读物。加之这几年译者因工作关系参与青少年法治教育活动时，常被中小学从事法治教育的师生们请求推荐法学入门读物，发现国内此类书籍真是少之又少。弥补上述缺憾正是译者翻译本译著的“初心”，望能为法学门外之人打开一扇进入“法律世界”之门。

与我国鲜见法学入门读物不同，在日本，“法学入门”类书籍是非法律人士了解法学，法学院学生在学习部门法之前，乃至高中毕业生决定是否选择法学专业的常见读物，仅目前在售书籍就多达几十种。形形色色的法学入门读物大致可以分为以下三类：第一类是以作为学问的“法学”特有的思考方式为重点的入门读物。比如，关于法律解释、法的三段论等的图书，主要介绍超越部门法的所有法律共通的内容。第二类是部门法模式的读物。其将现有的法律按照宪法、行政法、民法、刑法、诉讼法等部门分别加以介绍。第三类则是上述两种模式集成的读物。即从具体事例出发，结合思考方式和部门法知识，从而使读者对法学产生初步印象的入门读物。本书大致属于第三类，相比于前两类，既不会因抽象而降低可读性，也不会陷入琐碎的部门法知识，深入浅出，易于领会。

非法律人士可能会对学法律多有误解，认为学法律就是背法条，或认为法律似乎是不近人情、迟钝滞后的存在，甚至是律师、法官等随意解释的存在。本书或许可为“法外人士”管窥法学提供一点思路。本书最大的特色是，通过 10 个问题给大家提供一个感受法学趣味，学会自己思考重要的事情，学会说理的机会。在许多情况下，法律给出的解决方案可能与没有受过法学专业训练的人的直觉产生出入；而这往往就是人们对法律产生不信任感的原因之一。作者在序言中指出，在理工科的学问中，越是提出让人大吃一惊的结论，越可能是杰出的成就；但是，规制社会秩序的法学的结论如果让人一惊，恐怕是会带来困扰的。法学是一门思考如何维持社会秩序的学科，是一门很难说有“标准答案”的带有七情六欲的学问。因此，法学常常存在观点对立，也正是在这种对立的讨论中得以发展。一般大众对于特定案件的关注往往仅停留在判决本身，并没有进一步关注判决书中的说理部分。因此，当判决与自己内心的预期不符时，他们就会得出“判决不公正”的结论。诚如本书作者所说，法学并不存在标准答案，为自己的结论提供说理依据才是最重要的。因此，当我们采取法学的思维方式时，就会摒弃原本非黑即白的价值观，更多情况下，其实需要考虑的是相冲突利益间的取舍问题，以及如何对自己的结论给出有力的说理依据。

本书每个部分开篇，作者都会设计一个贴近生活、易于理解的案例问题。每个案例都会涉及上述问题，并且都是相对而言让人感觉两难的利益选择。值得注意的是，这些问题都不是作者凭空编造的，几乎都改编自现实中的案例。由于作者著书时在高校任教，他也将其中几个问题作为思考题测试过当时的学生。在本书中，作者对这些学生的观点、说理也进行了统计、评价。作为与这些学生一样有志于学习法学的人，读者们也可以在阅读的过程中获得身临课堂讨论的体验。

当我们自己在阅读作者给出的案例问题时，往往可能会认为两边的利益都有其值得保护的价值，难以取舍。但在司法实务中，法官可不能给出这种模棱两可的回答。另外，姑且不论法官给出的结论是否合理，事实上这些案件最终都得到了解决。那么我们便会产生以下疑问：当法官面临这些两难的问题时，是如何作出选择的？又采取了哪些说理依据？这些内容，我们可以在本书的正文中得到解答。除了可以扮演法官，模拟真实审判案件中法官的思考过程；读者们还可以站在律师的角度，考虑在拟定合同时需要注意的因素；甚至可以从立法者的视角出发，考虑某部法律应当制定与否以及如何制定。在扮演这些角色进行思考的过程中，我们就会渐渐理解法律究竟是如何产生、运作的。当我们能够理解、把握这些内容时，才能算是真正踏进了“法学之门”。

本书作者的讨论都立足于日本法，而同样身为大陆法系的我国，许多立法都受到日本法潜移默化的影响。读者们在阅读的过程中，也可以找出我国法律中的相关规定进行比较。从两国法律规范之间的异同也可以瞥见两国法律文化中相似而不完全相同的地方，这也不失为阅读外国译著的一大乐趣。

本书原文的写作风格十分平实易懂，即便是没有法学基础的人也可以通过作者的讲解掌握一定的法学基础知识。因此，在着手翻译的时候译者也有意还原了作者的这种口吻。如果读者们能在阅读的过程中体会到这一点，译者将十分高兴。原书的相关注释采取的是“文中注”的方式加以标记的，但基于我国读者的阅读习惯，在译作中最终以“脚注”的形式呈现。另外，对于部分涉及两国差异，难以理解的内容，译作也通过“译者注”的形式进行了说明，希望能带给读者们更好的阅读体验。

最后，特别感谢原书作者道垣内教授的信任及授权，同时感谢恩师李昊教授的邀请，能够负责这本书的翻译工作，荣幸之至。另外，在翻译初稿的过程中，译者在杭州师范大学日本法研讨课上与周旭诚、应存礼、陆昀霄等学生对原书的每一个案例都进行了讨论，大大提高了翻译的效率和译稿的可读性。其中周旭诚同学还负责了译稿的文字通读、校正工作，在此感谢。同样，感谢北京大学出版社的支持，感谢陆建华老师、陆飞雁编辑的帮助，以他们专业的水平最终为我们呈现了这样一本精美的图书。

以上仅是译者的小小感悟，希望能尽自己的绵薄之力让广大读者了解到本书的美妙之处。接下来，就让我们带着对法学的好奇，进入道垣内老师的“课堂”，看看他提出的问题吧。

张 挺

2021 年 5 月 18 日

序　言

法学没有标准答案。这是本书最想强调的一点。

笔者曾给大学一年级学生讲授过“法学”课。与大学之前的科目讲授一样，主要形式是讲授既有的知识，学生大多面对的是一些讲义和法律书籍。然而，法学本来就不是如理工科一样的发现“真理”的科学。法学是一门思考如何维持社会秩序的学科。这个社会是由一些利己的，有时候脸上还会流露出一些邪恶之心的有缺点的人类组成的。法学是一门很难说有“标准答案”的带有七情六欲的学问。因此，法学常常存在观点对立，也正是在这种对立的讨论中得以发展。

法学中重要的不是结论本身，而是其结论的根据。总而言之，法学是说理的学问。在现实裁判中，原被告双方律师为了支持不同的结论，按照各自思路提出主张；地方法院、高等法院、最高法院也是各自基于判决理由，作出不同结论(最高法院还会附上反对意见)。此外，我们还能看到法学学者对判例提出批判。

当然，结论也可以分为妥当的结论和不妥的结论。以宪法为顶点，一个国家的法律秩序具有理论上的体系性，各个规范得以在整体中确定相对位置。法律解释就是摸索这种妥当位置的学问。如果法学是一门“科学”，我们就必然能够找到如何发现讨论的结论的方法。但是，结论难以确定，这才正是法学的有趣之处。

另外，对结论的妥当性再多说几句。在法学中，让众人都觉得惊讶的离奇结论一般来说是不妥当的。在理工科的学问中，越是让人大吃一惊的结论，越可能是杰出的成就；但是，规制社会秩序的法学的结论如果让人一惊，恐怕是会带来困扰的。重要的是，即便得出相同的结论，如何给出一个扎实的理由也很关键。

本书希望通过10个问题，给大家一个感受法学的趣味的机会，让大家学会自己思考重要的事情。希望读者能尝试花一天左右在头脑的角落里思考问题。如果能做到这一点，本书的目的也就实现了大半。解说部分不过是给大家一些资料以及笔者的思考作为参考罢了。如果自己不思考就直接阅读解说部分，那实在是有点得不偿失。如果只是希望通过阅读获得知识，有的是比本书更有价值的书。真心希望读者在自己思考之后再去阅读结论部分，然后与自己的结论和理由进行比较。到那时，你应该会有新的感悟，从而更上层楼。

那么，现在就先去看看问题吧。

目　录

问题 1　**蛋糕的分法** / 001

1. 各种可能的方法 / 003
2. “一方切、另一方先选” 的方法 / 009
3. 多方共赢的分配方法 / 012

问题 2　**电梯难题：公寓电梯修理费的负担** / 015

1. 是否适用 “多数决” / 018
2. 公寓的情况 / 020
3. 《建筑物区分所有权法》 / 021
4. 答案的分析 / 022
5. 笔者的见解 / 025

问题 3　**仿冒附带爆炸装置的保险箱** / 029

1. 美国的真实案例 / 031
2. 基于社会常识的善恶判断 / 034
3. 说明理由 / 036
4. 其他例子 / 038

问题4 **从意大利诱拐儿童** / 041
1. 推断当事人的心情 / 045
2. 法庭的判决 / 046
3. “孩子的幸福”这一难题 / 050
4. 国际条约 / 053

问题5 **“好意同乘法”如何制定** / 055
1.《失火责任法》/ 056
2. 好意同乘的判例 / 058
3. 解答 / 060
4. 美国各州“好意同乘法”的制定与废止 / 064
5. 尝试立法的意义 / 066

问题6 **夏加尔画作的去向** / 069
1. 纽约州法院的判决 / 071
2.《民法》的规定 / 073
3. 各种处理方案的比较 / 074
4.《民法》第194条的问题 / 079

问题7 **起草一份合同** / 083
1. 主动的姿态 / 085
2. 交易的艺术 / 085
3. 契约文化和不写契约的文化 / 087
4. 起草合同需要考虑的因素 / 090

问题 8 **还能相信判例吗** / 097

1. 判例的重要性 / 099
2. 先例拘束性原理 / 100
3. 判例在事实上的拘束力 / 101
4. 与先例的区别 / 105
5. 变更判例的例子 / 107
6. 刑事案件中的判例变更 / 112
7. 相信判例就够了吗 / 114
8. 判例的不溯及性变更 / 116
9. 损失补偿的构想 / 119

问题 9 **房东的不满** / 125

1. 法律解释的应有之义 / 129
2. 《借家法》的变迁 / 138
3. 法律修改的经过 / 146
4. 1991 年的《借地借家法》/ 150
5. 《借地借家法》1999 年的修改 / 151

问题 10 **惩罚性损害赔偿** / 155

1. 公法与私法——刑事法与民事法 / 158
2. 美国的惩罚性损害赔偿 / 163
3. 日本的相关讨论 / 170
4. 作业中的意见 / 175

5. 想要构建怎样的社会 / 175

关键词索引 / 179

法令、条文、条约索引 / 187

后记 / 191

01

问题1 蛋糕的分法

QUESTION

2

小润在足球俱乐部训练完回到家，嘴里说着："啊，肚子好饿！"手也不洗就朝着冰箱的方向走去。打开冰箱门，正如他所料，昨天阿姨带来的蛋糕还剩了一块。小润不经意喊出声来："还有一块蛋糕。"话音刚落，小润就大感不妙。因为弟弟小大一直在隔壁房间老老实实地画着画。果然，小大一边叫着"我也要吃"，一边从隔壁房间飞奔了过来。这下糟了，围绕桌上放着的那一块蛋糕，兄弟大战一触即发。

那么，这时候妈妈应该怎么办呢？就算想把蛋糕切成两份，这块三角形奶油蛋糕上面只有一颗草莓，而且因为在冰箱里倒了过来，奶油都塌向了一侧。因此，没办法完全平均切成两份。要用什么方法来解决这场"纠纷"才好呢？

如果有同学已经有了答案的话，那么再考虑一下在小润和小大的妹妹真由也在场的情况下，又如何公平地将一块蛋糕分给三个人呢？

※　※　※

不要马上阅读后面的内容，先试着自己思考一下。

1. 各种可能的方法

首先，我们先试着考虑一下如何解决这兄弟二人的纠纷吧。针对这一问题，可以提出以下几种解决方法。

（1）因为你是哥哥，所以……

3

第一种可以想到的纠纷解决方法是，妈妈说着“因为你是哥哥，所以你要让着弟弟”，然后把蛋糕全部给弟弟。在这种情况下做判断的人是妈妈。以物理上的力量为后盾，只要具有不允许结论受到质疑的莫大权力，即使这么做，也可以在表面上解决纠纷。然而，年纪的大小和对蛋糕的需求之间并没有关联，这样的判断标准欠缺合理性。一旦失去受裁决方的信任，这样的纠纷解决机制可能就会迎来崩溃。在亲子关系层面，孩子在逆反期会变得不听父母的话；而在社会层面，也许就会引发人民的抗议。

（2）先到先得

第二种可以想到的纠纷解决方法是，以“先发现蛋糕”为由，将蛋糕全部分给小润。所谓“先到先得”这一规则，在某些情况下具有一定的合理性。比如，《民法》* 第239条第1款中规定“以所有的意思占有无主动产者，因占有取得其所有权”。也就是说，该法条规定，最早发现并基

* 未经特别注明，均指日本的规范性法律文件。后文类似处同。——译者注

于所有意思占有无主物的人可以取得该物所有权（然而该条第2款规定，在无主物是不动产的情况下，由国家所有），这便是“先占法理”。这条规则在国际法上也得到了确立。具体地说，在对无主地领域具有取得意思，并将该意思通过占有、支配等国家行为向外部表示的情况下，国家可原始取得该无主地的领土主权。例如，丹麦针对格陵兰岛的主权，以及日本针对由于1973年火山运动而在太平洋上出现的西之岛新岛的领土主权。

4

另外，《民法》第177条规定了不动产物权的对抗关系（关于这一术语将在后文予以说明），采取登记时间先后的标准来判断优先性，这一点同样可以作为“先到先得”规则的实例。[1] 关于这一点，举例来说：A先将某不动产转让给B，并在之后将同一不动产转让给C。在这一情况下，B和C中哪一方才是该不动产的所有权人呢？按照规定，所有权登记仍在A名下时，B和C之间存在一种“对抗”关系，率先和A协商办理了过户登记的一方可以取得不动产的所有权。当然，由于其中应当受到责难的是A，没能办理过户登记的一方可以基于A违反买卖合同而向其请求损害赔偿。只是，在这种情况下，如果A下落不明或破产（现实中这种情

---

〔1〕 当然，这只是对立法条文直白的解读，还没有考虑到复杂的主观善意恶意要件。在具体案例中，即便所谓背信恶意人等因登记时间较早而主张对方缺少登记要件，也会由于违背诚实信用原则而修正“先到先得”规则。但在两者主观善意恶意情况一致时，仍然适用“先到先得”规则。

况也屡见不鲜)，没能率先取得过户登记的一方就只能承担损失。[2]

那么，在分蛋糕问题中又该如何呢？先到先得规则得以合理化的必要条件之一在于当事人的起点相同。当只有特定当事人事先符合要求的条件时，这一规则就会带来不公平的结果，因此也是不妥当的。故在分蛋糕问题中，也应适当考虑弟弟小大的年龄。但是，目前姑且假定不考虑这一点。　5

先到先得规则具有合理性的另一个条件是，在一般情况下，针对作为竞争对象的事项，勤勉者获得利益应当被认为是正当的。比如在不动产二重转让中，根据具备对抗要件的先后来解决归属问题的规则，正是以登记勤勉者优先的法律政策作为根据的。然而，在分蛋糕问题中，制定奖励较早发现蛋糕者的规则并不能说是妥当的。一旦妈妈通过这一规则解决蛋糕问题，这就成为一个先例。今后，两兄弟可能就会争着每天开很多次冰箱门来搜寻好吃的东西了（这要根据“蛋糕规则”的适用范围而定)。另外，先到先得规则是十分原始的规则，因此将这一规则合理化的第三个条件是在当下不存在其他更适合的规则。国际法中所谓“先占法理”也可以说是不得已而为之的产物。因此，针对蛋糕问题，可能还应该考虑其他解决方法。

---

〔2〕 针对“对抗“的论述，参见道垣内弘人《リーガルベイシス民法入門》(第 3 版) 148 頁〔日本経済新聞出版社，2019〕。

（3）划拳

第三种纠纷解决方法是将蛋糕全部分给划拳胜出的一方。或者作为其变通，由妈妈将蛋糕分成两份（没有必要平均分成两份），划拳胜出的一方可以优先选取中意的一份。这一路径是依据划拳这一方法所存在的偶然性来谋求纠纷的解决。这一路径确实能够保证公平性，但其作为一项规则过于原始。可以说，这一方法是当没有其他适当的解决方法时的最后手段。在法律中，在一些例外情况下也同样存在利用抽签的方式谋求纠纷解决的做法。举例来说，《公职选举法》第95条第2款规定，选举大会中，当候选人的得票数相同时，通过选举委员长抽签的方式确定当选人。这也被认为是仅在不得已的情况下采用的最后解决方法。

6

（4）仲裁的合意

第四种纠纷解决方法是在兄弟间达成仲裁协议，约定由选定的第三人担任切蛋糕的职责，并对其作出的裁决结果不予异议。至于第三人，只要能达成协议，既可以由妈妈来担任，在不信任妈妈的情况下（因为兄弟中的一方可能会以妈妈使用刀的技术过于拙劣等理由予以反对），也可以寻找其他适当的人担任。

这种纠纷解决方法与法律中的仲裁十分类似。根据《仲裁法》第13条第1款的规定，当事人可通过和解方式解决的民事纠纷[3]可达成协议由仲裁人对争议予以裁决。[4] 仲裁这种纠纷解决方法不是通过法院解决当事人之间的纠纷，而是通过当事人选择的仲裁人解决纠纷。因此，在一方违背仲裁协议向法院起诉的情况下，只要另一方当事人主张仲裁协议的存在，就会被驳回起诉。[5] 如此说来，司法制度既然如此尊重仲裁协议，那么同样尊重最终的仲裁结果也就可以理解了。实际上，《仲裁法》第 45 条第 1 款规定：仲裁结果具有与生效判决同样的效力。原本说来，根据上文中所提到的第 13 条第 1 款的规定，仲裁合意的对象仅被限定于“民事纠纷”，所以要求涉案争议须涉及法律争议（如果不是法律争议，那么仲裁结果与生效判决就不会具有同等效力）。然而“分蛋糕”属于事实行为，所以委托第三人作出裁决的约定从严格意义上来说不属于仲裁合同。但是，两者的思考方式基本上是一致的。

7

此方法最大的缺陷就在于必须达成协议，将纠纷交于第三人解决。假如其中一方说希望将纠纷交于 A 先生解决，另一方就会怀疑这位 A 先生是否会偏袒对方，反之亦然。当事

---

[3] 例如，关于亲子关系的存在与否这一问题，法律上并不允许直接通过当事人协议的方式予以解决，而是规定由法院凭职权调查并予以确定。因此，确定亲子关系的纠纷不能通过仲裁方式解决。

[4] 一般来说，争议双方与仲裁人的关系是通过另一“委托合同”予以确定的，仲裁人具有选择是否为该案仲裁的自由。

[5] 《仲裁法》第 14 条第 1 款。驳回起诉是指尚未对案件进行实质审理即予以驳回，与驳回诉讼请求不同。驳回诉讼请求是在进行案件实质审理后，作出的对诉讼请求不予支持的判决。

人双方像这样相互怀疑时，想必问题也会越发难以解决吧。即使法律意义上的仲裁在现实中得以成立的，基本上也都是在纠纷发生前的签订合同阶段，以防事后产生纠纷而达成的仲裁协议。当纠纷已经发生后，双方再达成仲裁协议一般就比较困难了。另外，常见的仲裁协议中仲裁人也远远不止一位。更为常见的机制是由双方当事人各选出一位仲裁人，再共同选出第三位仲裁人，然后通过这三位仲裁人的多数决来对纠纷作出裁决。因此，在关于蛋糕的纠纷已经发生，并且不得不将问题的解决寄希望于一把小刀的情况下，可以预想到选择仲裁人的工作会变得异常困难。因此，这不是通常适用的方法。

※另外，基于调解的灵感，还有与仲裁相似而不相同的方法。以蛋糕问题为例，可以请第三人姑且先将蛋糕切成双方都能接受的大小。即哥哥和弟弟对其中任何一块蛋糕都想要，那么就让他们随便吃哪一块都可以。但是，如果双方都想要同一块，那就再考虑考虑别的解决方法。法律上的调解也就像这样。这个所谓调解的方法，由于不具有强制性色彩而简便好用，对其他未能圆满解决的纠纷来说也是值得期待的方法。但是，在调解失败的情况下将不得不采取其他的解决方法，因此也不能说这是十全十美的纠纷解决方法。

8

（5）交易

第五种纠纷解决方法是由兄弟二人通过交易的方式分配

蛋糕。也就是说，兄弟二人可以各自考虑为了得到这一块蛋糕愿意给对方哪些其他的好处。例如，用自己收集来的卡片，或者下星期三晚上八点到九点的电视换台权等与对方交换这块蛋糕。通过和对方交涉，最终使问题得到解决。

然而，这一方法也有一个巨大的缺点，就是纠纷不一定能得到解决。兄弟双方能够提供的与蛋糕作为交换的条件，对他们各自来说，一定都是价值在蛋糕以下的东西。虽然一开始他们会尽可能提供对自己没有价值的东西，但随着交涉的进行，渐渐也会升级到与蛋糕价值相近的东西。当然，每个人的价值观各不相同，即便是对方认为价值在蛋糕以下的东西，对于自己来说也有可能具有蛋糕以上的价值。在这种情况下，就能够达成交易。然而，如果对方所提供的条件在自己看来也只具有蛋糕以下的价值，双方就都会觉得还不如要蛋糕更好，那么双方都想要蛋糕的状况就不会改变。

2.“一方切、另一方先选”的方法

（1）“让其中一方负责切”的方法

第六种纠纷解决方法是让两兄弟的其中一方将蛋糕切成两份，然后由另一方先选择其偏好的一块。这是此类场合常用的方法。这一方法得以成立的前提就在于负责切分蛋糕的人在切分时会留意，使自己无论取得哪一份都不吃亏，因此在得到对方选剩下的部分时也不会产生不满。

事实上，法律中也利用了与此相似的办法。比如，1982年的《联合国海洋法公约》（1996年在日本生效）关于深海开发所规定的方法。虽然联合国根据条约设立了国际海底管理局，并以此为基础成立了致力于深海采矿活动的国际共同企业体。但事实上只有发达国家的私人企业才掌握有价值的深海资源区域的信息，联合国成立的公司对此种信息的收集缺乏技术支撑，要想独立进行深海资源开发是非常困难的。因此，《联合国海洋法公约》采取的解决机制是，以国际海底管理局批准企业开发计划为条件，允许私有企业进行深海开发，作为交换条件，申请人（私有企业）向国际海底管理局预存两块具有足够采矿活动面积且具有商业价值的矿区。再由国际共同企业体选择其中一块区域作为自己的开发区域（保留矿区），剩余的“非保留矿区”则由申请人开发。[6] 虽然该规定的目的并不是为了在纠纷解决中创造所谓共赢的局面，但这与分蛋糕问题中第六种纠纷解决方法的思考方式是相通的。这种方法不追求未掌握信息的人要求掌握信息的人诚实地提供信息（如果要求掌握信息的人诚实提供信息，那么围绕是否诚实可能埋下产生纠纷的种子），而是在掌握信息者不知道自己能获得哪一块矿区的状况下，充分利用利己之心，从而达成国际共同企业体的成立目的。作为国

〔6〕 具体参照《联合国海洋法公约》附则Ⅲ第8条。

际上技术转移的法律制度，这可能在今后被充分使用。

（2）“双方都负责切”的方法

话又说回来，上一种方法中值得注意的一点是，“兄弟中的一方”来切分蛋糕。如果是你的话，你是愿意做切蛋糕一方，还是愿意做选择一方呢？虽然切蛋糕一方和选择一方在要求慎重的这一点上都是一样的，但是切分方要慎重地运用小刀切分蛋糕，使得对方无论选哪一块都不会让自己吃亏。与此相对，选择方也需要慎重考虑选择哪一块对自己更有利。也就是说，切分方也不过是被给予了不吃亏的满足感，与此相对，选择方被给予了获利的满足感。如果这样考虑的话，在“谁做哪一方”这一点上又会产生纠纷。一旦纠缠在这个问题上，就不知什么时候才能吃上蛋糕了。

为了破解这一僵局，可以先将蛋糕任意分成两份，兄弟二人承担各自半块蛋糕的切分工作。这样蛋糕总共就会被分成四份，其中一方从对方切分的两份中选择一份，并从自己切分的两份中获得对方选剩下的一份，合计取得两小份的蛋糕（最初将蛋糕任意分成两份时，理论上来说，无论哪一块更多都无关紧要，但如上文所言，承担切分较大块蛋糕的人，主观满足感会更少，因此最初基本平均分为两份是最为理想的）。

（3）共赢的争议解决

如上文所述，第六种纠纷解决方法同样看重纠纷当事人的主观感受。虽然客观公平的结果也是一项重要价值，但是我等非神之身，既然不能准确把握客观事实，就应该充分重视主观角度的满足感。在一般的争议解决中，重要的是提出输家能够接受的理由。法院在作出结论（正文）的同时也会附带判决理由，这不仅具有使规则变得浅显易懂的优点（成为其他稍有差异的案件是否应当采取同样处理方式的判断依据），还可以得到败诉当事人的认可，这对于确保败诉方对法院的信赖感是必要且重要的。

第六种纠纷解决方法的关键就在于共赢。关于法律，给人的印象可能往往是用以区分赢家和输家的工具。但是，在现实社会中，共赢的纠纷解决方法用得再多也不为过。实际上，虽然没有从案件性质的角度统计过，但通过协商，支付一定金钱达成和解这一纠纷解决方法明显是最多的。前文所述的调解和交易也就是这一方法的起源。可以说，与成功调解、交易等情况相较，第六种纠纷解决方法可以使得当事人双方的满意感均达到最高水平。并且，与调解、交易不同，这一方法的优点还在于一定能彻底解决问题。

12

3. 多方共赢的分配方法

那么，接下来大家可以试着思考当小润和小大的妹妹真由也在的情况下，如何尽可能公平地分配这一块蛋糕而不致有人吃亏。

首先，其中任意一个人将蛋糕分成两份，并且他对拿到哪一份都可以接受。然后，剩下的其中一方选择这两份中的一份。到这一阶段为止，和两个人分蛋糕的情况相同，这两个人都达到了满足的状态。接下来，这两人各自将自己手边的蛋糕分成三份。之后通过对每一小块蛋糕上的奶油往这边或那边拨动，进行细微调整，使得这三小块蛋糕对自己而言价值均等，无论得到其中哪两小块都没有怨言。然后，就由此前没有参与蛋糕分配的第三个孩子从另外两个孩子手边各自被分成三小块的蛋糕中分别选择其中的一块。就这样，三个孩子都各自获得了原本蛋糕的 1/3。当然，蛋糕未必是在客观上就被正确地分成了平均的三份，而是通过三人各自的选择主观上被平均地分成了三份。只不过，最后进行选择的孩子在主观上会认为自己得到了最大的两小块蛋糕。

然而，也许会产生这样的疑问：最初开始切蛋糕的孩子按照自己的意愿把蛋糕切成三等份不就行了吗？为了方便起见，我们就假设最先切蛋糕的是小润，并把切开的三小块蛋糕叫作 A、B 和 C。确实，这种方法也存在解决问题的可能性，那就是剩下的两人各自选择了其中不同的一块，也就是说，在小大选择 A、真由选择 B 的情况下，剩下的 C 则归小润。这样只需一次分割，问题就能得到解决。另外，在小大和真由都选择了 A，并且都认为 B 是次好的情况下纠纷也能被顺利解决。这种情况下，小润得到 C 是确定的。之后只需要小大通过将 A 减少，将 B 增加的方式予以调整，使得对小大而言 A 和 B 具有同样的价值，再由真由选择其中自己想要的一块就行了。然而，当小大和真由都认为A是最优的一块，但对次优的蛋糕意见不一致的情况下就不能顺利进行了。也就是说，这种方法的缺陷在于并不是任何情况下都能成功解决问题。另外，以防读者有疑问：那么由小润将蛋糕分成三份，再由小大选出其中最优的A和次优的B，并由小大将蛋糕调整成其主观认为价值相同的情况，真由再选出其中一块，这样的机制不是也能顺利进行吗？但在这种情况下，结果也会产生与上文相同的僵局。一开始小大选出其中两块时，没有参与选择的真由如果认为没被选上的C比较好，对真由而言，其就得不到满足了。

与此相对，先将蛋糕分成两份，再各自分成三份的处理方法可以一般化为分给n人的做法。也就是说，先由P_1将蛋糕分成两份，由P_2选出其中想要的一块。再由P_1、P_2将各自手边的蛋糕分成三份。P_3再从其中分别选出自己想要的一小块。然后P_1、P_2、P_3再将手中主观上已三等分的蛋糕分别分成四等份，这次由P_4从其中分别选择一块。再……就像这样重复操作，直到（n - 1）个人先将自己手中的蛋糕分成n等份，由最后的P_n分别选出其中的各一小块。

※　※　※

虽说像这样切得面目全非，蛋糕也可能会变得吃不了了……那么请大家试着思考一下如果当事人都负责切蛋糕的一般化方法。

02

问题2 **电梯难题：公寓电梯修理费的负担**

QUESTION

16

请阅读下文案例，然后回答问题①②③。虽然存在叫作《建筑物区分所有权法》的法律，该法可适用于这个问题，但是下面的问题并不是要解释和适用该法，而是希望你自己可以试着去思考这些问题的解决方案，所以就当作该法不存在吧。

在一栋集体住宅（即所谓公寓）中，电梯已经老化，有必要更换新电梯。该建筑有10层楼，每层楼各一套房屋，共有10户住户。除建筑物专有部分之外，包括土地在内，每户居民以同样的比例共有。更换电梯的费用为2000万日元。此外，这栋公寓没有任何内部规约，也没有用于维修的准备金。

当住户们聚在一起讨论的时候，提出了如下几种意见。

A（8楼的住户）：要不要更换电梯呢？更换电梯的话，用“多数票”来决定每户住户负担的费用吧。虽然过半数可能还是会存在一些问题，但有4/5的赞成票就可以了吧。所以，我的建议如下：让10楼的人承担所有的电梯更换费。或者9楼和10楼的人一起承担这笔费用也可行。B先生，你怎么说？

B（9楼的住户）：我赞成A的提案，让10楼的人承担换电梯所需要的所有费用。

C（10楼的住户）：我反对这样的决定。

D（1楼的住户）：无论如何，我一次都没用过电梯，将来也不会用，所以我不会出一分钱。

E（2楼的住户）：我也很少乘电梯，现在保证以后不用电梯了，所以我也不出钱。

F（5楼的住户）：既然都这么说的话，我家里所有人为了锻炼身体，不会再乘电梯了，应该让乘电梯的人承担所有费用。

场面混乱。

请思考以下问题：

①批判性评价A的观点。

②如何看待D、E、F的观点，说出你的看法。

③在上述问题①②的基础上，如果委托作为法律家的你去归纳总结，那么你会提出怎样的方案、用什么样的方法妥善解决呢？为什么你的方案是妥善的，请阐述具有说服力的理由。

※ ※ ※

不要马上阅读后面的内容，先试着自己思考一下。

1. 是否适用“多数决”

该问题涉及多数利害关系人利益的调整。这种情况下，先考虑一下“多数决”的决策方法吧。

纵览法律纷繁复杂的领域时，像本案公寓中的住户一样，许多利害关系人会形成一些集团或者团体，有时其中的成员追求的利益需要进行调整的情况显得有些瞩目。典型的例子是围绕公司和工会等团体内部关系产生的法律问题。这里，让我们参考一下公司法中与“股东大会多数决滥用”相关的法理吧。在股份有限公司，公司的意思由股东大会多数表决决定[1]，通过董事会执行。但是，如果所有问题都由多数决原理支配的话也会出现问题。比如说，持有多数股份的特定大股东之间可以合作，向股东大会提交一项决议，决议只将分红权分配给大股东而不分配给小股东。如果采用多数决原则进行决定，这项决议似乎是可以被接受的。根据《公司法》第831条第1款第3项的规定，可提起股东会决议撤销之诉的情况之一便是“有特殊利害关系的人在股东大会上行使表决权，作出明显不当的决议时”。如此规定的原因在于，股东为了自己的

18

〔1〕 由持有过半数表决权且有权表决的股东出席会议，股东大会就可以召开了。在此基础上，出席会议的股东表决权过半数的情况还可以分为：多数决（参见《公司法》第309条第1款），公司章程修改等重要事项需要2/3以上多数决，3/4以上的多数决（参见《公司法》第309条第2款至第4款）。

利益而行使表决权是理所当然的，除了法定不得行使表决权的情况[2]，法律承认有特殊利害关系[3]的股东行使表决权；只不过，当表决的内容有明显不当之时，可以撤销。这种不当表决恰恰对小股东来说是不当的特殊不利益。[4]

不过，严格来看，某一决定的作出会使一部分人获益，而另一部分人遭受不利益，这样的结果也是不可避免的。让我们把视线从股东大会多数决转向一般法律的制定程序。“国家”这种团体的意思决定，是通过国会多数决实现的。在采用国会多数决通过的法律中，给予全体国民严格意义上的平等，这反而可能是非常少的。以税收相关法律为例，这就十分明白了。因此，问题在于特殊不利益的程度。

顺带一提，《宪法》第95条规定：“仅适用于某一地方公共团体的特别法，未依法经该地方公共团体居民投票半数以上同意，国会不得制定。”该条的目的在于防止国会多数决制定出仅不利于特定地方公共团体居民的法律。只不过，符合该条的《地方特别法》规定上述情况仅限于影响到地方公共团体本质的情况。而且，“当例外或者特例的程度非常轻微时，恐怕就应该理解为不适用本条了”[5]。对于上

---

〔2〕 参见《公司法》第140条第3款。

〔3〕 正是因为有利害关系，才会想要为自己的利益采取行动。

〔4〕 参见龍田節『会社法』(第10版) 180頁〔有斐閣，2005〕，前田庸『会社法入門』(第13版) 416頁〔有斐閣，2018〕，田中亘ほか『会社法』(第4版) 163頁〔有斐閣，2018〕。

〔5〕 宮沢俊義〔芦部信喜補訂〕『全訂日本国憲法』776頁〔日本評論社，1978〕。

述情形，最后还是变成了特殊的程度的问题。

2. 公寓的情况

现在，让我们回到公寓问题中住户意思决定的问题上。

首先，问题①中A的观点试图把多数决用在不应当适用多数决原理的领域，这明显是不当的。不仅是简单多数，就算采用“4/5以上多数”规则，亦是如此。C遭受到了特别的不利益，未经其同意，即使表决通过，也应当被认定为无效。不过这种情况下，作为法律家，仅仅凭感觉认为“那是不合适、不可接受”的话，是失职的。所谓多数决，原理在于投票的价值是平等的（人数平等或者出资比例等份额平等，公职选举法、联合国大会中的投票属于前者，公司内部的股东大会投票、国际货币基金组织的投票属于后者）。只有在满足不会对特定的人形成利益或不利益的条件时，多数决的结果才是妥当的。本案欠缺后者的条件，对此进行说明是必要的，因为法学是一门讲究“说理”的学问。

20

那么，问题②中D、E、F的观点，又该如何去评价呢？这并不是多数决原理的问题。问题不在于决定的方法，而在于决定的内容。对这些人的应对方式会直接影响到问题③的答案。因此，下面把问题②和问题③联系起来，一起思考。

不过，在此之前，先来看一下日本现行法的规定。

3.《建筑物区分所有权法》

关于本案电梯修理问题，这里并不是要问大家具体的法律知识，而是希望读者们根据各自的法律感觉进行思考。因此，尽管需要忽略现行法具体的规定（前文中也已经提到），但是关于这个问题，我们还是翻阅一下《建筑物区分所有权法》。

21

《建筑物区分所有权法》第 19 条规定：“共有人按照各自持有的份额，承受共用部分的负担，并获得其利益，但另有约定的除外。”第 31 条第 1 款规定：“规约的设定、变更或废止需要通过集体会议决定，且应达到区分所有者及其表决权各 3/4 以上多数。这种情况下，当规约的设定、变更或废止对一部分区分所有者的权利有**特别影响**的时候，应当得到其承诺。”（重点由笔者标出）换句话说，由于电梯属于“共用部分”（第 4 条第 1 款），那么因管理产生的“负担”（包括更换电梯的费用）原则上应当按照各自所持有的比例承受。不过，该原则可以通过规约进行变更。但变更的时候应当得到受“特别影响”的人的承诺。

接下来解释为什么受“特别影响”的区分所有者的承诺是必要的条件。

“由于规约可以规范的事项非常广泛，如果规约的设定、变更或废止都需要通过多数决决定的话，多数人的意志可能会导致少数人的权利受侵害。比如，共用部分的负担比例和表决权的比重，原则上以专有部分的建筑面积的份额为基准，但因为规约可以进行例外规定，恐怕就会制定对特定少数人显著不利益的规定。此外，规约还可以规定专有部分和共用部分的使用方法，那么就可能对特定人不利或者不公平。"[6] 因此，前述第31条第1款的目的就在于排除这种不利的情形。所谓"特别影响"就是比较规约的设定、变更等的必要性、合理性与由此受到不利益的区分所有者的损害，超过该区分所有者应忍受程度的不利益的情形。[7]

22

本案问题①的答案也与上面的结论一样，在没有得到C的承诺的情况下，A不能按他的说法作出决定。[8] 不过，即使参考了《建筑物区分所有权法》，也无法明确得出问题②和问题③的答案。除非规约另有规定，否则应按各自持有的份额分摊负担。

4. 答案的分析

实际上，这个问题是笔者在法学考试中出的一道题。为了避免误解，笔者在出上述问题的同时，也特意出了更简单

---

〔6〕 法务省民事局参事官室编·改正区分所有法概要〔别册NBL第12号〕28-29页〔1983〕。

〔7〕 同上书，第29页。

〔8〕 可以认为这里的决定是在制订规约。

的法学问题。[9]

当时的学生给出的解决方法是怎样的呢？实际上有多种多样的观点，笔者将其进行简化之后分类如下。

大约 54% 的答案认为，从 1 楼开始，随着楼层增高，分摊的费用就要增加，10 楼的人承担最多的费用。这类答案大约又可以分成两派。

23

表 2.1　楼层、分摊费用比例及金额对照

比例 楼层	1：1：1：……：1	1：2：3：……：10	0：1：2：……：9
10	200 万日元	363.64 万日元	400 万日元
9	200 万日元	327.27 万日元	355.56 万日元
8	200 万日元	290.91 万日元	311.11 万日元
7	200 万日元	254.55 万日元	266.67 万日元
6	200 万日元	218.18 万日元	222.22 万日元
5	200 万日元	181.82 万日元	177.78 万日元
4	200 万日元	145.45 万日元	133.33 万日元
3	200 万日元	109.09 万日元	88.89 万日元
2	200 万日元	72.73 万日元	44.44 万日元
1	200 万日元	36.36 万日元	0 万日元

〔9〕 那年，还有一个观点论述题，即请评论以下意见："实质是非常重要的，如果结论具备具体合理性和法的安定性的平衡，那么根据法条的形式上的理由是不重要的。"

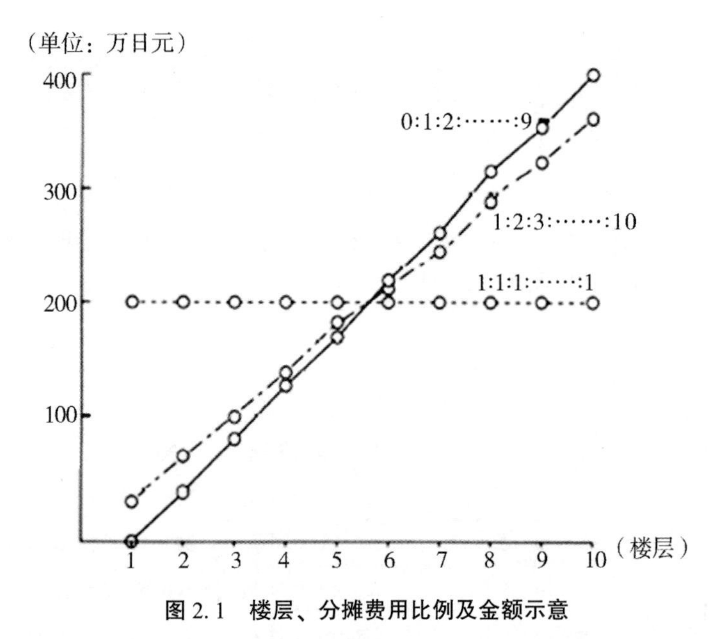

图 2.1　楼层、分摊费用比例及金额示意

他们的分歧点在于是否要让1楼的人分摊费用，以从1楼的人开始按楼层顺序依照“1∶2∶3∶……∶10”的比例分担[10]还是按照“0∶1∶2∶……∶9”的比例分担[11]，即1楼的人到底要不要分摊费用。而且其理由是，利用电梯需求高的人，即在更长距离使用电梯的人承担的费用也应该更多。把这个道理用到1楼的人身上，就会得出“0负担”的

24

---

〔10〕 这种分法，1楼的人要承担约36.36万日元，10楼的人要承担约363.64万日元。

〔11〕 这种分法，10楼的人约承担400万日元。6楼以上的人用前一种分法承担的金额更少，5楼以下的人用后一种方法压力更小。可参考表2.1和图2.1。

结论。虽说如此，电梯是大家的共有物，那么就应该让每个人都负担一部分费用，基于此修正了“利用价值论”。可以发现，二者其实是对立的。

与之相对，约 35% 的学生认为在本案的情况下，住户应当按照各自对共有物的持有比例，均等地分担费用。[12] 理由是，因为有电梯的存在，所以公寓的资产价值变高了，而因增值获得的利益对所有楼层的人来说都是均等的。E 和 F 不使用电梯，只是单纯放弃其对共有物的使用权而已。显而易见，他们还是要按照所持份额负担共有物的维修管理费的。

余下少数学生认为，D 自然不用说，E 和 F 也可以不出一分钱，那么就需要通过设置 ID 卡或密码的方式，确定本人是电梯的使用者。考虑到不承担费用的人就不能乘电梯，楼层增加、家里人数等因素，相比多数意见，这是更加差异化、误差更小的费用承担方法。

不论如何，认同 D、E、F 观点的人都是极少的。　25

在提案的表决上，需要全员一致还是仅需要多数决，这两种观点差不多都各占一半。

5. 笔者的见解

笔者个人的见解是按照份额均等分担，理由如下：公寓

〔12〕 即每户负担 200 万日元。

这样的集合住宅从性质上说，1楼的人能够凭借当时的购入价格入住是因为楼上住着许多的人。假定没有上面这些楼层的话，几乎不可能以当时那样的价格购入。而正因为楼上居住着9户人家，必然会需要电梯。所以说，就算1楼的人不使用电梯，还是已经切实享受到了电梯带来的利益。并且，考虑到屋顶、墙壁、玄关等其他共用部分的修理情况，如果把电梯的“必要程度”作为一种标准而成为先例的话，那么是否意味着虽然屋顶漏雨，但如果没有影响到10楼以外的住户，其他人就不用承担修理费用了？为了避免类似的情况发生，电梯也应该贯彻均等负担原则。

关于电梯的运营费，在德国是如下操作的，即根据权益比率乘以层数的比例来计算[13]，家庭数，或者如果是营业的情况则按照进出顾客的数量系数化，进而决定负担比例。[14] 左思右想，争论是没完没了的。

26

另外，在决定方法上，最终只能以多数决来决定，不过条件是决议不会对特定楼层的人造成特别负担。[15] 虽说是采用多数决，但到底是采用过半数赞成即可的简单多数[16]，还是2/3、3/4、4/5以上赞成的特别多数[17]，也会出

〔13〕 份额均等时，按照1：2：3：……：10。

〔14〕 参见丸山英気『区分所有法の理論と動態』377-379頁〔三省堂，1985〕。

〔15〕 上述学生的意见应该都具备这个条件。

〔16〕 即过半数同意就可以的多数决。

〔17〕 即需要2/3、3/4、4/5以上的同意。

现这个问题的讨论。[18]

不过，不管用什么样的多数决方法，都会出现多种决议案，还应考虑到出现任何提案都未获得过半数赞成的情况。[19]

※　※　※

说些题外话。听说在美国有这样的公寓，因为没办法解决前文所说的问题，最后住户就只能爬楼梯了。

日本 1993 年 3 月 30 日东京地方法院的判决[20]中，一位 1 楼住户拒绝支付维持电梯运行管理费的主张被驳回。

不幸的是，围绕 1995 年阪神大地震的灾后修缮、重建等问题，《建筑物区分所有权法》的实际适用也出现了许多困难。以此经验教训为基础，制定了《受灾区分所有建筑物重建等特别措施法》，目的是为了在大规模火灾、地震或其他灾害后，方便重建被毁损的区分所有建筑物，有助于灾后复兴。之后，吸取了 2011 年东日本大地震的教训，“公寓拆卸、土地出售等重大决定需要得到建筑物区分所有权人全员同意”这一规定被修改为“在特定时期，4/5 以上同意即可”。

27

---

〔18〕在没有规约的公寓进行类似的决定，实际上就是在制订规约。根据上述《建筑物区分所有权法》第 31 条第 1 款的规定，需要 3/4 以上同意。

〔19〕出现多种提案，说明大多数人反对他人的提案。比方说，有 10 个提案，其中分别有对自己最有利的提案，因此，所有的提案都会以 1 赞成 9 反对而被否决。

〔20〕参见判例時報 1461 号 72 頁。

03

问题3 **仿冒附带爆炸装置的保险箱**

QUESTION

30

保险箱制造商A公司取得了未经允许而打开保险箱门就会爆炸的装置的专利后，发售了附带该类装置的保险箱。该类保险箱发售后，大受好评，并给A公司带来了极大的收益。另一保险箱制造商B公司在了解到这一情况后，开始出售虽不具备上述功能，但附带与A公司的爆炸装置类似外观装置的保险箱（保险箱整体外观存在差异）。在向外界明确宣称该保险箱不具备爆炸功能的前提下，B公司以较A公司的保险箱价格更为低廉地出售保险箱，并获取了极大利益。一方面，由于不具备爆炸装置，保险箱的制造成本更为低廉；另一方面，从消费者的角度来看，小偷也可能误认为保险箱附带爆炸装置，同样也能使保险箱的功能得以实现。就这样，由于受到B公司保险箱销售的影响，A公司保险箱的销售业绩一落千丈。

那么，是否应当支持A公司向B公司提起的损害赔偿请求呢？毋庸置疑，B公司没有侵犯A公司的专利权，也没有侵犯A公司以保护设计为目的的设计权等知识产权法上的特别权利。

在这里，并不是要问大家现行法中如何解决这一问题。更重要的是，无论得出什么结论，是否存在有说服力的理由予以支撑。

※ ※ ※

不要马上阅读后面的内容，先试着自己思考一下。

1. 美国的真实案例

与此相似的事件，在20世纪20年代的美国真实发生过。上述问题就是从这一案例中得到启示，稍微加工而形成的。美国的争议案件，是出卖方通过欺骗消费者的方式使他们购买了商品。因此，虽然实际案例中的争议点与上述问题是不同的，但因为考虑用实际案例作为思考的出发点更为妥当，这里先介绍案例（部分简化）。

31

（1）事实关系与当事人的主张

事实关系如下：原告新泽西州的保险箱制造商X公司（Ely-Norris Safe Company）取得了用以防范小偷撬开保险箱的爆炸装置（explosion chamber）的专利权，并制造、销售附带该装置的保险箱。

※虽说不清楚该装置具有多大的爆炸威力，但想必不至于达到能杀伤人的程度。另外，根据《专利法》第32条的规定，“有害于公序良俗或公共卫生的发明”不能被授予

专利。

被告纽约州的保险箱制造商Y公司（Mosler Safe Company）发现X公司良好的业绩，也开始贩卖附有同样爆炸装置的保险箱。事实上，Y公司制造、销售的保险箱中有一部分只是使用了与X公司为将爆炸装置固定在保险箱门上所使用的金属带一样的带子，并贴在同一地方而已。虽说这部分的保险箱没有实际附带爆炸装置，Y公司也向顾客谎称其具备爆炸装置并进行销售。

X公司在关于附带爆炸装置的保险箱向Y公司提起专利权侵权诉讼的同时，也另外针对没有附带爆炸装置的保险箱提起了诉讼。这里的问题就存在于后一项诉讼。X公司主张关于不附带爆炸装置的保险箱，Y公司的行为虽然不构成专利权侵害，但欺骗了原本想要购买附带爆炸装置的保险箱的顾客，又卖给他们只贴着金属带的保险箱，而这些顾客原本应该会购买X公司的附带爆炸装置的保险箱。X公司并据此请求Y公司停止贩卖这种保险箱。

32

关于这一点，Y公司反驳称，Y公司不过是在本公司的品牌下进行销售，并没有采取任何行动使顾客误以为本公司的保险箱是X公司的产品。由顾客以贩卖与说明内容不符合的商品为由提起诉讼还说得过去，作为竞争对手的X公司没有针对这一点提起诉讼的原告资格。并且，Y公司提供了足以支撑这一观点的判例：铝合金洗衣板制造商以将锌合金洗衣板谎称成铝合金洗衣板的销售商为被告提起诉讼，最终判决驳回诉讼请求。这一 19 世纪末期的判例指出，虽说原告确实丧失了与被告销售额相等的业绩，但毕竟被欺骗的是消费者，因此判决中表示不支持存在竞争关系的制造商作为原告提起诉讼。[1]

33

（2）判决

由于一审的纽约州南部地方法院参照上文提及的 American Washboard 案判决驳回了 X 公司的诉讼请求，X 公司提起了上诉。

二审的美国联邦第二巡回上诉法院（Circuit Court of Appeals, Second Circuit）撤销了原判，并作出了如下 X 公司胜诉的判决。[2] 虽然 Y 公司欺骗消费者，具有可责难性，但问题的关键就在于 X 公司是否可就此提起诉讼。法院认为应当变更上文提及的 American Washboard 案的判决。既然 X 公司已经被认定为是附带爆炸装置的唯一制造商，又因为顾客产生了 Y 公司贩售的保险箱同样附带爆炸装置的误解，Y 公司使得 X 公司蒙受了等同于 Y 公司贩售该保险箱所得利益的损失。因此，法院认为，X 公司可基于这一理由提起诉讼。

---

〔1〕 American Washboard Co. v. Saginaw Mfg. Co., 103 F. 281〔6th Cir. 1900〕[美国的判决表示为：原告名称+诉（v. 就是 versus 的缩写）+被告名称。老电影《克莱默夫妇》（哥伦比亚电影公司，1979 年）的原文标题就是“Kramer vs. Kramer”。因为涉及的是离婚诉讼，因此当事人双方姓名相同。另外，判例编号还表示该判例归属的判例集是 Federal Reporter（省略为 F.），并位于该判例集第 103 卷的第 281 页。最后的括号表示这是美国联邦第六巡回上诉法院（等同于美国联邦高级法院）1900 年所作出的判决。]

〔2〕 Ely-Norris Safe Co. v. Mosler Safe Co., 7F. 2d 603〔2nd Cir 1925〕.

然而，美国联邦最高法院撤销了二审判决，作出了Y公司胜诉的判决。〔3〕判决理由中指出，虽说确实只有X公司取得了附带爆炸装置保险箱的专利权，但也存在其他贩卖附带爆炸装置保险箱的制造商。因此，误以为Y公司贩售的保险箱也附带爆炸装置而购买Y公司保险箱的消费者未必一定会买X公司的保险箱。

美国联邦最高法院判决与二审判决对于X公司是否是唯一的附带爆炸装置保险箱的制造商的判断存在差异。虽说美国联邦最高法院基于此撤销了原判决，但就算存在其他附带爆炸装置的保险箱，X公司毕竟由于市场份额的变化而遭受了损失，也有可能作出支持X公司索要等价的损害赔偿的判决。无论如何，这个美国的案例反映了Y公司欺骗消费者，贩卖自己的商品的情况。

34

2. 基于社会常识的善恶判断

与上文美国的案例相比，本问题开篇的重点在于B公司并没有欺骗消费者。B公司和消费者一同欺骗小偷，并将这一做法商品化，这样的做法不仅没有侵犯A公司的专利权，甚至降低了成本。因此，B公司的行为似乎也是能够被接纳的。但是从A公司的角度看，B公司是把其辛苦发明并

〔3〕 Mosler Safe Co. v. Ely-Norris Safe Co., 273U.S. 132〔1927〕.

加以产品化的附带爆炸装置保险箱当作了垫脚石，其想要对 B 公司采取一定的法律措施也是理所当然的。也就是说，问题的关键就在于从法律制度的角度来看，A 公司所遭受的损失是否应当由 B 公司予以赔偿。

从健全的社会常识角度来看，B 公司的行为是否可以被认可呢？这里所说的健全的社会常识指的是通常情况下成年人从常识角度进行判断。虽说其与大多数人的直觉判断往往是一致的，但有些情况下，了解了一些从被忽略的角度出发的解释，重新思考后，也会得出与直觉相违背的结论。比如，当报纸、电视针对法院对某起事件的判决进行报道时，仅仅听到结论的普罗大众直觉会作出支持或反对这一判决的结论。但在听到判决理由或是法学家的解说后也会有人恍然大悟，改变原有想法。即使是在这种情况下，也同样包含在健全社会常识的范围内。法学家往往都只是用足以说服成年人的常识范围内的证据来颠覆直觉的判断。换句话说，不过就是用思维缜密的判断颠覆直觉的判断罢了。无论如何，社会常识是非常重要的。法学判断离开了社会常识也将不复存在。法学家之所以被要求是具有广阔视野和丰富常识的人才，是因为法律不是只为法学家而存在的，而是为全社会存在的。

当与这种社会常识进行对照后，我们是应该支持 A 公司，还是支持 B 公司呢？

当笔者在课堂上提出这个问题，在没有任何讨论和解释，直接问结论的情况下，结果是 4∶6，支持 B 公司的同学更多。这就可以说是对上文所说的基于直觉的常识判断的展示。然而在经过各种各样的讨论，再一次询问意见后，比例变成了5：5，支持A公司的人数增加了。当然，这个比例并不能说是直接反映了一般社会的常识判断。实际上，事前笔者曾将此问题作为考试题目，整理考卷答案时发现，答案构成是9：1，A公司压倒性地取得了优势。答案应该不是凭直觉写出来的，而是在充分思考的基础上作出的深思熟虑的结论。另外，与独立思考书写答案的情况不同，在教室讨论的情况下，当出现具有充分说服力的观点时，也会存在被其说服而倒戈的人。因此，我们不能将考卷呈现的9：1和教室呈现上述5：5的情况进行简单比较。

无论如何，说明理由是很重要的。接下来就在思考理由的基础上，再一次试着考虑结论吧。

36

3. 说明理由

根据同学们考试的答案，支持A公司请求的理由大多认为，先有A公司的保险箱，再有B公司的保险箱，因此就存在B公司的行为属于诸如商法所不允许的窃取创意等朴素的观点。简言之，凭直觉坚持B公司狡猾、卑劣、卑鄙，只是搭便车这一观点的同学占大多数。但是，这些朴素的论证只是在说“不能做的事情就是不能做”，对于直觉不认为如此的人来说是没有说服力的，因此还是有必要提出多少让人能够恍然大悟的理由。

那么，支持 B 公司的观点又有哪些呢？根据同学们的答案，有的说 B 公司只是在自由竞争的市场中采取了聪明的举动而受到了消费者的支持，B 公司不仅做出了与 A 公司创新的保险箱效果相同的保险箱，而且更加便宜。所以当 B 公司开始贩卖产品后，A 公司产品卖不出去是理所当然的。也有的同学更进一步，指出只要 A 公司自己也同时开始贩售不附带爆炸装置的保险箱不就行了吗？虽说这些意见至少比前文的 A 公司拥护论显得更有道理些，但这或许还不能给朴素的 A 公司拥护论致命一击。

以上的讨论所展现出来的对立点在于，要么 B 公司是个狡猾的坏人，所以不放过他；要么 B 公司只是聪明人，因此应该放任他。总而言之，想必取得消费者支持的 B 公司会获胜。

当然，若我们无论如何都希望 A 公司获胜的话，就有必要稍微改变视角去思考一下说辞。这就需要突破下列观点的理由：保护 B 公司也就保障了消费者权益，消费者能购买更便宜并且具有相同效果的产品。需指出，虽然从短期角度来看，仅就这一案件确实能达成以上效果；但从长远角度来看，这个案件的解决所产生的社会影响却不尽如此。如果在这一纠纷中认同了对别人发明搭便车的行为，那么整个社会就会丧失发明创造的动力，有可能会抑制发明创造的热情，产生阻碍社会进步的后果。能够想到这一理由的，在 220 份考卷中，仅7份。在A公司拥护论中，这一观点也可以说是最有说服力的。

4. 其他例子

（1）空壳的监控录像机

话又说回来，在与这一问题相似的如下案例的情况下，又该如何解决呢？

书店、超市等零售店家往往为了防止顺手牵羊现象，会在柜台难以看到的地方架设监控录像机。这些监控录像机实际上有启动的必要吗？监控录像机存在的主要价值就在于其存在所带来的威慑作用，实际中靠着监控录像机抓到犯人的情况是十分罕见的。既然如此，那么就可以在黑色或银色的金属或塑料的长方体盒子上，添附一个圆形玻璃板夹着的像是镜头的东西，以及像是开关、电线的东西，再加上能够被点亮的红色发光二极管。这样的话，就算不能实际摄像，也可以期待其起到防止顺手牵羊的效果。假设出现了一位卖家将这种空壳的监控录像机的内幕告诉顾客，并以更便宜的价格进行贩卖。因此，贩卖真正监控录像机的厂商在业绩下滑时，可否基于其市场份额请求停止贩卖空壳监控录像机并要求损害赔偿呢？

38

当笔者向几位法学家朋友就保险箱案例寻求意见后（多数人认为应当支持A公司），就该监控录像机的案例询问时，更多人认为在这种情况下应当保护空壳监控录像机制造商。这两个案例之间究竟存在哪些区别？还是本身就不应区别对待呢？

它们之间最大的区别就在于，附带爆炸装置的保险箱是A公司通过独立创意发明的，并且是十分特殊的商品。与此相对，监控录像机虽然其中包含如相机的构造等受专利保护的发明，但由于该产品十分受欢迎，其制造商也有许多家。但是也有意见可能指出，他们在他人发明（或是专利权人的证书）的基础上生产销售的产品在外形上都搭了便车。如此，假如不支持空壳监控录像机贩卖商的请求才符合健全的社会常识的话，那么就有必要重新思考在保险箱案例中支持A公司这一结论本身了。

（2）该如何考虑

说实话，笔者至今对于这一问题仍然存在疑惑。虽然上述监控录像机的案子姑且可拿以下例子说服自己：明明没有养狗却在门口贴着“内有恶犬”时，从事宠物狗贩卖的宠物店不可能被给予法律上的请求权，但总感觉不能释然。虽然可能会有人批判道，连出题者都搞不清楚的问题拿来做考试题目去让学生绞尽脑汁，这算怎么回事？笔者却认为就是因为存在这样的问题，将它作为考试题目才是最为恰当的。

另外，当这样的纠纷实际发生在日本时，又会变得怎么样呢？

在本案中，B公司所制造的产品的设计故意使人产生该产品具备与他人商品相同功能的联想（好比电话可以通话的功能是相同的，但每个公司电话机的设计都有所不同一样，没有必要模仿设计），并在向消费者明确说明产品不具备上述功能的情况下作为自己品牌的商品予以贩售。因此，正如题干所说，这一行为不构成对专利权、外观设计权利的侵害。另外，也不符合《反不正当竞争法》（1993年47号法）第2条第1款之下的任何一项（可以翻看《六法全书》，把这部法找出来看看）。

那么，在现行法的框架下，只能通过判断其是否属于一般侵权行为的路径，也就是基于《民法》第709条来判断A公司是否具备向B公司提出损害赔偿的请求权来解决问题。因此，对于这一问题不得不从一般论的角度去思考，关于结论也只能在将来的课题中予以探讨了。

※　※　※

笔者在本书初版中写道：笔者曾一直在满心期待能够在现实中出现空壳监控录像机销售商。在此之后，笔者在送到家的邮购产品目录中，发现了实物。虽然现在说不定它已经成为人气商品了，但是笔者还没有听说过围绕这一商品进行诉讼活动的例子。

问题4 从意大利诱拐儿童

QUESTION

42

意大利女性X与日本男性Y1在意大利都灵结婚，此后一段期间，生下长子Z1、长女Z2与次子A。这三个孩子都具有日本与意大利的双重国籍。

丈夫Y1是一名吉他手，妻子X是一名钢琴家，他们在都灵以私人培训和音乐学校老师为谋生工作。最终，因性格不合再加上对对方的工作缺乏理解，对孩子的抚养思路也产生差异，夫妻间的感情渐渐产生了裂痕。为此，丈夫Y1精神上十分疲倦，出现了精神衰弱的症状，由于需要治疗和静养，已经不能正常工作了。

另外，妻子X为了维持生活的稳定，跳槽到了米兰的音乐学校，并在米兰租了房子，每周一至周五都和当时4岁的长女Z2和1岁的次子A一起住在米兰。过着星期五回到都灵，星期天再回到米兰这般忙碌的生活。

丈夫Y1因为考虑到妻子X在米兰的工作会给孩子们的家庭生活带来不良影响，所以反对X在米兰工作。此外，与父亲Y1一同留在都灵的长子Z1对于和妹妹Z2、弟弟 A 的分居两地感到十分痛苦。另外，Z1 认为 Y1 生病的原因是母亲 X 令人难以理解的生活态度，因此非常同情父亲 Y1。而比起在米兰和妈妈一起生活，长女 Z2 也更希望在都灵和爸爸、哥哥一起生活。

因此，X 对于 Y1 不配合的态度十分愤慨，甚至怀疑其神经衰弱的症状是在装病。在发生激烈的争吵后，X 决定离婚，并向都灵法院提起了分居之诉。[1]

在该诉讼开始审理之前，Y1 就开始计划秘密返回日本。并在 X 不在时，向 Z1 和 Z2 阐明了自己心中的想法。之后，就带上两个孩子以及随身物品，踏上了回国之路。

因此，都灵法院在难以询问 Y1 的情况下，在判决准予分居的同时，命令由母亲 X 负责分居期间三子女的监护。

一方面，来到日本后，Z1、Z2 和 Y1 以及 Y1 的父母，也就是孩子们的祖父母 Y2（77 岁）、Y3（75 岁）共同生活在一起。Y1 虽然在回国时呈现出神经衰弱的症状，但不久便恢复了，并通过吉他演奏以及私人教学取得了一定的收入。另外，Y2、Y3 能通过经营停车场取得收入，还能领取养老金等，这使他们的生活无虞。关于 Z1 和 Z2，Z1 虽然在都灵读六年级时成绩并不理想，但 Z1 曾

〔1〕 根据《意大利离婚法》第 3 条第 2 款之 b 的规定，不能直接提起离婚之诉，而应当在取得分居判决之后，分居 5 年后方可提起离婚之诉。

接受过日语的私教，来日本后，得以编入当地的小学五年级。现在Z1已经成为初一学生，学习成绩也稍有提高。此外，虽然Z2来日本当时对日语一窍不通，但进入幼儿园学习后不久就学会了。现在Z2已经是一名小学一年级学生，学习成绩在班级名列前茅。

另一方面，自Y1和一双儿女离开意大利后，X曾尝试通过信件和电话取得联络，但Y1对此不予理睬。最终，在Y1等人离开意大利两年半后，为了接回Z1和Z2，X来到日本，并且奔赴Y1等人的居住地，意图和孩子们见面。然而，Z1不顾祖母的劝告不愿意和X见面，并且自己躲了起来。另外，Z2也没有和X见面的意愿。孩子们在学校都很受朋友们照顾，而且回家的时候至少祖父母们都会在家。孩子们就像这样过着每一天精神都很安定的生活。因此，他们都非常希望这样的生活能够继续下去，不想回到母亲X的身边。

因此，为了接回孩子们，X迫不得已委托了日本的律师，决心针对Y1、Y2、Y3提起诉讼。X虽然在米兰做钢琴老师能赚取足够的收入，和次子A两个人一起生活，但还是想接回Z1、Z2，让他们接受专门的音乐教育。另外，在分居判决的5年期间经过后又过了2年半，X预先在都灵法院提起离婚诉讼，并意图在取得离婚判决的基础上，成为离婚后孩子们的亲权归属人。

那么，假如你是日本负责审理交还子女请求诉讼的法官，你会怎么下判决呢？在上述内容中你会更重视哪些，并将它们作为审判理由呢？另外，针对正在读初一的长子Z1（13岁零10个月）和小学一年级的长女Z2（7岁零6个月），判断的方法是否应当有所区别呢？

※ ※ ※

不要马上读下面的内容，自己先思考看看。

1. 推断当事人的心情

也许有许多人会说自己还很年轻，既没有配偶，也没有子女，因此对于这一问题并不知道如何回答。确实，法学是一门成年人的学问。但是，如果我们以此为理由的话，就不能对法律问题进行讨论了。这是因为实际生活中存在各种各样的人际关系，即便是成年人也不可能对其中的纠纷都有过经历。因此，就算我们不去犯罪，也应该去理解刑法；不去设立、经营公司，也应该去理解公司法。虽说是不明真伪的传闻，但笔者听说曾经有一位专精于债权、物权等财产法的知名民法学者对专精于亲属、继承等家庭法的知名民法学者略带调侃地说道：你自己明明还是单身，真亏你能从事家庭法研究呢！另一位学者反讥道：这和你明明没什么财产，还能从事财产法研究是同一个道理呀！

简而言之，我们需要调动我们生活至今获取的所有信息，推知当事人的心情，再考虑社会整体应当存在的秩序。因此，从某种程度上来说，我们不该只盯着法学教科书和《六法全书》看，更重要的是在日常生活中保持开阔的视野，观察人类与其集合体（即社会）。书籍、报纸、电视、电影、和人之间的对话、旅行等体验都能成为法律判断的支柱。然而，即便如此，也不能原封不动地基于自己的体验去做判断。我们必须将自己的体验加以客观化，使其具备能被一般社会所接纳的客观性。另外，我们也不能过度考虑当事人的心情，而忽视法律判断对一般社会施加的影响。例如，在侵权诉讼中，无论遭受损失的原告有多可怜，我们也不能只是莽撞地一概认可损害赔偿请求，而是应该先退一步，打开自己的视野，用清醒的眼光再一次考虑这一判断的合理性。我们也应当清醒地认识到，让缺乏健全社会常识与平衡感的人去做法律判断会给社会带来很大的麻烦。

46

2. 法庭的判决

上述背景问题大体上描述了实际案件中的事实关系。

（1）人身保护请求

日本现在针对类似的交还子女诉讼，多数是通过人身保护请求的形式予以解决的。这是依据日本在第二次世界大战后引入英美法的人身保护命令（habeas corpus）[2] 后出台的《人身保护法》（1948 年法律 199 号）而进行的诉讼。该法“遵从保障基本人权的日本宪法精神，设立目的在于迅速并且简易地通过司法裁判恢复国民正在遭受不当剥夺的人身自由”（《人身保护法》第 1 条）。本来该法的设立旨在通过法院拯救遭受类似权力机关不当逮捕等暴力的国民；而在实际中，由于其具有迅速性，在夫妻间争夺孩子的纠纷中被广泛使用。[3] 在这一事件中亦是如此。这是因为在此类案件中，时间的经过具有重大意义。极端来说，就是随着时间的推移，孩子将长大成人。

本案就是一起人身保护请求案件。基于法律，要使请求得到支持须具备两个要件：一是涉案人员的身体自由被“束缚”；二是这样的束缚是“违法”的（《人身保护法》第 2 条）。

47

（2）东京高级法院判决

一审的东京高级法院[4]基于以下理由，驳回了母亲 X 的诉讼请求。[5]

首先，关于长子 Z1，法院认为：其已经具备足以辨明自己周遭状况的意思能力，并在清楚 X 方及 Y1 方情况的基础

---

〔2〕 参见田中英夫《英米法のことば》28 頁〔有斐閣，1986〕。

〔3〕 参见沼辺愛子「子の引渡」《現代家族法大系 2》265 頁〔有斐閣，1980〕，泉久雄，「子の奪い合い」《判例で学ぶ家族法入門》109 頁〔有斐閣，1991〕。

〔4〕 根据《人身保护法》第 4 条的规定，人身保护案件的一审既可由地方法院也可由高级法院审理。

〔5〕 参见 1984 年 10 月 31 日判决家庭裁判月報 37 卷 6 号 38 頁。

上，凭借自己的意愿，与Y1方同住，足以认定其自愿服从Y1的监护。因而上述监护并不符合“束缚”的要件。因此，甚至不用判断第二个要件，法院就直接驳回了X的请求。

其次，关于长女Z2，由于其为不具备意思能力的幼童，法院先认可了其受到Y1等人“束缚”的情况，接着判断第二要件。来到日本后，Z2受监护的环境比之前更好，并且在Y1等人的监护养育下已经度过2年零7个月。Z2在此期间都过着精神状态十分稳定的生活，对如今的家庭环境、社会环境也十分适应。为了避免Z2由于被母亲接走，生活环境剧烈变化而可能产生的心理波动，法院认为在其父母亲不可避免的离婚与亲权人指定纠纷了结之前，先让Z2在父亲的监护下继续生活更有利于其健康成长。因此，法院阐明，即便考虑到都灵法院判决X为监护人，Y1等人对Z2的束缚也不是“违法”的。

48

（3）最高法院判决

X上诉后，提出了以下三点主张：

第一，虽说Z1现在已经13岁了，但他对母亲的爱存在误解。并且，由于他现在与母亲的联系被切断，更加强了对父亲的依赖感。因此，基于在这种状况下形成的意思作出的判断是十分危险的。

第二，关于对束缚的违法性判断，应当更重视孩子们当时被带走的情况与母亲的心情。换句话说，本案涉及的离开意大利一事，事实上是父亲用蛮力抢走了孩子们。况且当时正值都灵法院开始审理分居诉讼，这一行为事实上挑战了一国的司法权。如果认同此等行为，司法秩序便难以为继。并且一般来说，能在有母爱和有经济实力的母亲身边生活对孩子们来说才是真正的幸福。

第三，都灵法院所作出的判决是从孩子们最大幸福的角度决定了适宜的监护人，应当对其给予最大限度的尊重。虽然一审判决中指出在离婚与亲权人指定纠纷了结之前暂时维持现状，但既然 Y1 现阶段对意大利的判决表示拒绝，那么即便将来离婚判决中 X 被指定为监护人，到那时再将孩子交还给 X 的做法，恐怕将进一步恶化一审判决中所说“伴随着生活环境剧烈变化而产生心理波动”的情况。

最高法院驳回了上诉的诉讼请求〔6〕，给出的判决理由十分简单。一方面，最高法院认定，关于上诉理由中的第一点、第二点，原审法院作出的判决并无不妥。另一方面，关于第三点上诉理由，最高法院指出所讨论的命令并不属于《民事诉讼法》第 200 条中所称的确定判决，因此原判决作出与该命令不同的判决不存在违法之处。顺带一提，上文提到的《民事诉讼法》第 200 条与现行《民事诉讼法》第 118 条规定的主旨是一致的，指满足一定要件的外国法院的“确定”判决的效力在本国也可以予以认可。

49

〔6〕参见 1985 年 2 月 26 日判决家庭裁判月報 38 巻 5 号 71 頁，其评释参考道垣内正人・法律のひろば38 巻 5 号 71 頁〔1985〕，中野俊一郎・ジュリスト857 号 126 頁〔1986〕，織田有基子・国際私法判例百選（第 2 版）152 頁〔2012〕。

3. “孩子的幸福”这一难题

（1）论点

在类似的孩子抚养权争议案件中，法院并不只是判断请求方和被请求方谁享有“权利”，还被赋予了一项十分困难的任务：从类似监护人的立场出发考虑怎样的处理方案才能最大程度有利于孩子的幸福。[7]

上述案件中的争点大体可以归纳为两个。第一，关于13岁零10个月大的孩子，法院有意不作判断，交由其自身决定的做法是否妥当。第二，法院在得出能使孩子们获得幸福的结论时，应该思考并重视哪些因素。

（2）有无束缚

关于第一点，法院称，虽然审判时7岁零6个月大的孩子尚不具备意思能力，但13岁零10个月大的孩子已经具备意思能力，因此对于后者，应当尊重其本人的意思。然而，把选择爸爸还是妈妈这一问题交给一个虽说已经上初一的孩子来决定真的妥当吗？关于这一点，笔者认为这不单纯是是否具备意思能力的问题，而是能否要求其对自己的人生负责的问题。至少在孩子成年前，也应当避免仅凭这一理由作出判决。当然，孩子已经是中学生了，也不能完全不考虑他的意愿。但只能将孩

50

〔7〕 参见平井宜雄「幼児の引渡請求に関する一覚書」国家学会百年記念《国家と市民》3巻75頁〔有斐閣，1987〕。

子的意愿作为其中一项参考因素，要作出同一结论还应该从其他因素中寻找证据。如果孩子选择自己双亲中的一方这样的事情被清楚地记载在法院判决公文上的话，将来孩子可能会对没被选择的双亲之一完全封闭内心。简言之，笔者认为，让未成年人背负决定自己命运的责任实在是过于残酷了。

※《民法》第820条之下规定，亲权人对未成年子女具有监护教育权、居所指定权、惩戒权、职业许可权、财产管理权，成年之前不得让未成年子女独当一面。另外，即便是在刑事案件中，未满14岁的未成年人不受处罚（《刑法》第41条）。针对犯罪的未成年人，使用《少年法》中规定的特别程序。

（3）孩子的幸福

在本案中，关于判断第二点“孩子的幸福”时应考虑的因素，原审中提到“①如今的生活环境”和“②2年零7个月中监护的持续性”，从而认为继续当前生活对孩子们来说是幸福的。针对此判决，上诉理由中指出“③从意大利把孩子们直接带走的恶劣行径”“④X是孩子们的母亲”“⑤原审与意大利既存的判决的关系”等事项。但最高法院认为③和④不是足以影响判断的事由，对于⑤无视既存判决的做法也认为并无违法之处。下文将针对这些事项一一予以探讨。

51

①如今的生活环境。考虑到孩子们祖父母的年龄（77岁、75岁），现在的生活又能持续到什么时候呢？另外还应当考虑到兄弟姊妹三人中还有一人留在意大利的这一情况。

②监护的持续性。法院最重视的一点就是，孩子们在日本度过的2年零7个月精神安定的生活能够持续下去。Z2从4岁零7个月一直到7岁零6个月这一成长关键时期都在日本和Y1一同生活，这一点几乎可以说是决定性的因素。然而，如果将来意大利离婚判决中附带的亲权人指定判决在日本得到承认的话，尽快将孩子们交给X也可以说是为了孩子们好。(然而，还需参照后文的⑤)

③带走孩子们的行径。虽然其他案件中也会存在使用暴力强行将孩子带走的情况，但本案中只是未经通知擅自带走孩子，并不涉及刑事处罚的相关问题。然而，如果对这一做法放任不管的话，可能会诱发双亲的另一方采取同样做法带走孩子。并且，本案中这一做法也有逃避意大利法院判决的深层动机。在全球化发展的现今，如果各国的司法机关不相互协调，就难以确保法律秩序的稳定，因此也不能忽视对他国司法秩序的尊重这一点。

④ X是孩子们的母亲。在孩子达到学龄的情况下，一般来说也不会认为和母亲生活在一起就一定会比和父亲生活在一起更能实现幸福。对象是十分幼小的孩童则另当别论。

⑤意大利的判决。法院根据《民事诉讼法》第118条(原第200条）的解释，以形式上的理由，无视了意大利法院监护权人的指定命令。关于这一做法，笔者对其妥当性抱有疑问。由于意大利的法律制度中要求离婚前先满足5年的分居期间，而日本没有这一制度。因此，本案中都灵法院的

52

命令只对这 5 年期间作出了暂行处理。要是该判决是与离婚判决一同作出的指定亲权人的确定判决的话，应该就会得出不同的结论。如同金融机构合并时对不同的电脑系统进行兼容，使其充分发挥功能那样，要在各国法律制度存在差异的前提下谋求国际法律纠纷的圆满解决，就应该认识到各国不同的法律制度之间相互接轨的重要性。

另外，假设将来意大利法院作出离婚判决并指定 X 为亲权人，X 又能基于此判决领回孩子们吗？恐怕到那时，日本法院也不会对此予以认可。因为到那时，孩子们要回到意大利生活就会变得更加困难，可以说由母亲领回生活不符合孩子们幸福要求。然后到那时，就能以违反《民事诉讼法》第 118 条第 3 款中“日本的公序良俗”为形式上的理由，驳回 X 领回孩子的请求。[8]

综上所述，对于此案中各种各样的情况予以讨论，再对其进行综合评价，决定怎么做更有利于孩子们的幸福，这是非常困难的一件事。然而无论如何，不可否认的是，对经过 2 年零 7 个月才提出领回孩子请求的 X 来说是非常不利的。

4. 国际条约

跨越国境请求领回被带走的孩子的案例，在日本很久之

---

〔8〕 此后，现实中 X 就没有再基于意大利判决而请求领回孩子的诉讼了。在此类案例中，可以说时间就是决定性要素。

53 前就存在了，今后想必也会有所增加。[9] 另外，此类案件在他国也多有发生。尽管类似事件尽快恢复原状极为重要，但由于涉及国际事务，势必会遇到许多阻碍，因此能够迅速恢复原状的国际条约就变得很有必要了。例如，1980年的海牙国际私法会议中通过了《国际儿童诱拐民事方面的条约》（Convention on the Civil Aspect of International Child Abduction），并于1983年生效。日本加入该条约的时间相对较晚，2014年才批准加入。至2018年年末，缔约国数量已达到99个。该条约规定，如果在孩子从所在地被夺取后1年内开始启动程序，孩子就可被即刻带回。如果在1年后开始启动程序的话，能否证明孩子已经适应新环境就是问题的关键。即便是在思考开篇的问题时，该条约也能作为一定参考。[10]

※ ※ ※

不只是抚养权争夺，近来很多法律问题都是跨越国境发生的。笔者希望有更多的人能关注国际化中的法律问题，思考日本法国际化的相关命题。

---

〔9〕 参见大法院1927年5月23日判決民録23輯793頁，最高裁1978年6月29日判決判例タイムズ368号206頁。

〔10〕 参见織田有基子「《子の奪取に関するハーグ条約》の実際の適用と日本による批准の可能性」国際法外交雑誌95巻2号171頁〔1996〕，早川真一郎「国境を越える子の奪い合い（1）」名大法政論集164号49頁〔1996〕。

05

问题5“好意同乘法”如何制定

QUESTION

56

假设有这样一个立法计划，根据该法的规定，基于他人好意无偿搭乘机动车的人，当发生事故并因此遭受损害之时，除驾驶人有故意或者重大过失的情况外，即便驾驶人存在一般过失，搭乘人也不得向驾驶人请求损害赔偿。请阐述这种情况下的立法理由，即想要通过该立法达成的法律政策，以及可能预想到的反对意见。

※　※　※

请先独立思考赞成或反对该立法的理由，在纸上写下您的观点之后，再继续阅读。

1.《失火责任法》

根据《民法》第709条的规定，因故意或过失侵害他人权利者，负损害赔偿责任。但是，也有例外情况，1899年制定的《失火责任法》规定，失火的场合不适用《民法》第709条，失火者有重大过失的除外。制定该法的原因主要有两个。其一，由于日本木制房屋较多、天气影响以及消防不便等客观原因，损害扩大的情况时有发生。通常失火者自己的财产也被烧毁了，其在主观上没有疏忽大意，而且对于过失存在可宽恕的因素。[1] 其二，人们构成命运共同体，今日的受害人可能是明日的加害人。[2]

57

与此相反，机动车事故则不适用上述例外的规则。也就是说，以行驶的危险性为客观基础，依据《机动车损害赔偿保障法》（1955年97号法律），“为了自己提供机动车运行者”* 如果不能证明自己和驾驶人在驾驶汽车时没有疏忽大意，受害人或除驾驶人以外的第三人有故意或过失，以及汽车的结构与功能没有缺陷或障碍（成功证明以上要件较为罕见），那么就需要承担相应的赔偿责任（《机动车损害赔偿保障法》第3条），因而加重了机动车保有者的责任。这样判定的前提是机动车必须要上“机动车损害赔偿责任险”（《机动车损害赔偿保障法》第5条）。

对于道路上通行的行人而言，机动车是单方面的危险。如果所有的机动车事故都像《失火责任法》规定的那样处理，明显欠缺合理性。但是，由于驾驶人本人也在车上，通常有避免事故发生的注意。另外，损害程度还受到有无防护栏等道路因素影响，从这一点来看，直接适用《失火责任

---

〔1〕 参见幾代通〔徳本伸一補訂〕『不法行為法』74頁〔有斐閣，1993〕。

〔2〕 参见澤井裕『失火責任の法理と判例』3頁以下〔有斐閣，1989，増補版，1990〕。

* 称之为“运行供用者”，关于其认定存在众多判例。指的是为了自己的利益而运行机动车，但国内文章引用日本法时多译为“机动车保有者”。——译者注

58 法》的立法理由，也并不是没有商讨的余地。不过，乘坐公交车或出租车的乘客支付了相应的费用，驾驶人就有义务保障乘客的安全。因此要区别对待有偿乘车和无偿乘车。有偿场合注意义务高于无偿场合，这样的情形并非个例。比如非侵权行为的场合，《民法》第400条规定，在有偿保管物品的情况下，必须（依照合同以及其他债权发生原因及交易上的社会观念确定的）善良管理人的注意义务进行保管（括号内为2020年4月施行的《民法》新增的内容）。同时，《民法》第659条规定，无偿保管的情况下，只要“与自己的财产相同的注意”即可。

2. 好意同乘的判例

现在没有减轻“好意同乘”中机动车使用者责任的相关法律，在实务中，法官又会作出怎样的判断呢？名古屋地区法院在1969年8月8日（判例時報570号第71頁）作出了一个判决，这是一个年代较为久远的案例，案情如下：被告是男性驾驶人，熬夜看电影导致睡眠不足，次日晚上和不经意认识的几位女性朋友喝酒之后，邀请这些女性朋友还有别的男性朋友去玩，深夜驾车从名古屋去京都，在名神高速上行驶，正好与前面陷入打盹状态司机驾驶的卡车发生碰撞事故。一位女性朋友年仅17岁，因事故受伤留下了后遗症，其向驾驶人提起诉讼，请求损害赔偿。法院认为：“基于驾驶人的好意同乘，但却因交通事故遭受损害的情形，对于驾驶人的赔偿请求而言，在以下具体情形中，只要让驾驶人承担责任将违反公平的观念，就应该否认其赔偿请求权：受害人将自己置于发生事故危险性极高的情形，或者明知上述客观情况的存在还无所顾忌地上车同乘，或者双方特别约定就算事故发生也不能找其赔偿（但是这样的约定也有法律上的限制）等。”但本案中并无特别情况，虽然说驾驶引发事故的车辆是为了原告的利益，“但仅凭这一点并不能成为否定《民法》第 709 条规定的侵权行为责任的理由”。法院认为，原告和被告一起喝酒，对被告深夜开车也不加以劝阻，反而自己坐上车，甚至悠闲入睡。原告的行为提高了事故的危险性，这一点在计算损害赔偿额时应予以重视，仅判决被告向原告支付精神损害赔偿金 40 万日元和律师费 4 万日元。[3] 此外，原告还请求追究被告驾驶人就职公司的（上述）运行供用者责任，但法院驳回了该请求。

59

如上述情况，为了得到更加妥善的结论，作为法律解释最后的调整，判决在考虑了案件的具体情节之后，对损害赔偿的金额进行了斟酌，法院也经常使用这种技术。这也反映了法院对于无偿搭乘人的损害赔偿请求，存在某种程度上的适用困难。

从判例中看，仅仅以好意同乘为理由并不能减少赔偿数

---

〔3〕 详细情况判决书中并不明晰，原告似乎没有请求财产的损害赔偿，另外也没有提及《民法》第 722 条第 2 款规定的过失相抵规则。

额。但是，以下几种情形除外：①明知危险型，即搭乘人明知同乘危险比较高，却还是选择搭乘。例如，明知驾驶人酒后驾车或者没有驾照。②危险参与增幅型，即搭乘人怂恿驾驶人超速、S形超车，或者妨碍驾驶人操作方向盘、刹车，使事故发生的概率增加。③交替同乘型，即机动车使用人与搭乘人进行交替驾驶。也就是说，只有以上几种情形才可以适用过失相抵规则。[4]

60

3. 解答

笔者曾在法学考试的试题中出过上述问题，对此也提供了一份参考答案。不过这类问题本身没有唯一的正确答案，只要能够发挥所想且自圆其说，就可以得分。

（1）赞成的观点

首先，赞成立法的理由中最多的观点是乐于助人的精神有助于构建和谐美好的社会。这是笔者在所谓“邻人诉讼”被社会大众广泛讨论的舆论基础上出的题。这起案件的具体情况是：3岁零4个月的小孩A和同一幼儿园的朋友B，大扫除之后在B家附近玩耍。外出买东西的A妈妈到B家，想把A带走，但是A想要和B继续玩。此时B爸爸出来说情，因而A妈妈同意让A继续在那边玩，但是和B妈妈说：

〔4〕 参见桃崎剛「好意同乗及び同乗者のヘルメット・シートベルト装着義務違反における共同不法行為と過失相殺」判例タイムズ1214号4頁〔2006〕。

"我要出去办点事，我家孩子拜托你了。"B妈妈回应道："两个孩子在玩，应该没什么问题吧。"但是不幸的是，之后A在附近的池塘溺水死亡，最终A的双亲对B的双亲提起诉讼。在这起意想不到的事故引发的损害赔偿诉讼中，给予他人善意而不求回报的一方，结果却被受到损害一方提起诉讼。有段时期，社会舆情对此进行了广泛的讨论。[5]

如果法律能够规定在这种情况下排除受损害人的损害赔偿请求权，那么大家都能安心地乘坐他人的车。这样一来，社会整体的车辆数目就会减少，能源消耗也会随之降低，道路交通也能够变得更加通畅，大气污染也会更少。

另外，还有观点指出，一般来说，发生事故时，驾驶人自身也会受到损害，还要对被撞者承担责任。在这样的情况下，如果仍要对无偿搭乘人承担责任，对驾驶人而言未免过于残酷。

除此之外，还有以下若干意见。他人因好意搭载你，即使事故发生，也应该有不诉诸法律手段的默示合意。或者说，愿意同乘的人在想要搭乘时，就应该认为其单方面放弃将来可能存在的损害赔偿请求权。如果说搭乘人不像前面判决所说的自顾自地休息，而是时刻警惕交通事故的发生，帮

〔5〕 参见津地裁昭和58年（1983年）2月25日判决（这个诉讼最先在判例時報1083号125頁报道）。关于这个问题可以参见星野英一『隣人訴訟と法の役割』〔有斐閣，1984〕。该书第48—50页有该案例与好意同乘场合情形的对比。另外，可以参见小島武司『隣人訴訟の研究』〔日本評論社，1989〕。

62 助驾驶人，甚至对他进行监督，交通事故一定能够减少。

（2）反对的观点

当然，也有反对相关立法的意见。

首先，有意见认为，实际上难以判断具备什么条件才能称得上好意同乘。比如，某次免费地乘坐他人的汽车，但是在其他机会下，搭乘人以其他的方式还礼；驾驶人一方因为曾受到照顾，包含感谢的意思出于好意让搭乘的情况；还有可能是被强硬地要求搭乘的情况。这些情况下很难判断是否属于好意同乘。“好意”的区分标准不明确，适用法律困难。

其次，还存在以下观点，就算是因司机好意搭乘，也不能在事故发生之后，要求即使受伤也不允许向司机请求损害赔偿。运行的汽车只是作为危险源，驾驶人的一切过失都不应该被原谅。蒙受损失的搭乘人什么过错也没有，却无法向有过失的驾驶人请求损害赔偿，这样的观点恐怕不太妥当。再联想到最近发生的保险金杀人事件，有观点指出驾驶人可能装作交通事故而故意杀害搭乘人。这种情况下，就算驾驶人是故意的，死者也没办法作证，有心者可能会通过这种手段骗取保险金。

最后，更有趣的观点是，与上文赞成的观点恰恰相反，一些学者认为这样的立法可能会让汽车和交通事故的数量增加。若搭乘的人不再信任驾驶人，比起相信他人，他们更相信自己，就都会去买车，因而汽车保有量就会增加。与此同时，因为不需要对搭乘人承担责任，驾驶人开车的方式会更加随意，交通事故的数量会增加。就像硬币正反面一样，每一方的道理都说得过去。

（3）与责任保险的关系

令人遗憾的是，以上回答中并没有从与保险制度的关系角度去评价“好意同乘法”。如果考虑到两者之间关系，便可以得出以下结论：保险是分散风险的手段，人们无法预测将来的事件，但可以对那些概率事件做好防备。为了预防危险，人们向保险公司支付保险费。如果不幸事故发生，保险公司给受损害之人支付保险金，风险移转到保险公司。这种形式在现代社会广泛存在。

考虑到对保险制度的充分运用，如果制定限制驾驶人对无偿搭乘人承担责任的法律，由于无偿搭乘人遭受的损失可能由自己承担，其为了分散风险，就不得不与保险公司签订损害保险合同。但是，无偿搭乘他人汽车，并非定期发生的事件，这样就很难确定危险的程度，进而难以确定保险费金额。假使所有人都购买该保险，那么搭乘次数多的人与次数少的人之间就会产生不公平，该保险的利用价值将大幅降低。人们会因自身搭乘次数少而减少对相关保险的投入，但却可能在此情形下恰好遭遇事故。

与此相对，在驾驶人需对无偿搭乘人承担责任的法律制度下，驾驶人理所当然会缔结保险合同，使得自己承担责任时，风险会转移至保险公司（责任保险合同）。驾驶机动车就会有发生事故的概率，这正是保险制度得以存在的合理性

64 所在，因而责任保险已经被广泛普及了。而且，国家为了确保驾驶者都有最低程度的责任负担能力，法律（《汽车损害赔偿保障法》）强制驾驶者投保机动车赔偿责任保险。也就是说，让驾驶人对无偿搭乘人承担责任的法律制度还具有活用保险制度的优点。

但是，如下文所述，过去美国对其与保险的关系存在不同的讨论。

4. 美国各州"好意同乘法"的制定与废止

实际上，美国的"好意同乘法"有着同禁酒法一样曲折的命运。[6]

以1927年美国的康涅狄格州和爱荷华州立法为肇始，12年间美国半数以上的州都完成了"好意同乘法"的立法。各州规定不同，有的州包括船舶与飞机，除驾驶者有重大过失的场合，无偿搭乘人不得向驾驶者请求损害赔偿。立法的理由主要在于对好意的保护（hospitality protection）和防止保险的滥用。前者以美国当时增加的拦车旅行为例，存在应当抑制"农夫与蛇"类似情况的讨论。而且，特别强调作为善

65 意的驾驶者如果没有购买保险是过于残酷的事态。后者是为了保护保险业者的利益，投保了责任保险的驾驶者如果不用

---

〔6〕 参见 Prosser and Keeton on Torts, 215-7〔5th ed. 1984〕。更加简单易懂的还有 Note, The Present Status of Automobile Guest Statutes, 59 Cornell Law Review 659〔1974〕。

对搭乘人支付相应赔偿，可能不会为了保险业者的利益而热心诉讼，在特殊情况下甚至还可能做伪证。这样导致的结果则是，保险公司要支付其本不应该支付的保险金，最后会导致保险费上升。基于以上论点，保险公司的游说活动取得了成功。此外，还有意见认为，保险还具有增加同乘数量的好处，虽然进入汽车激增的时代，机动车事故相关的诉讼数量却减少了，法院的负担也因此减轻。[7]

但是此等立法遭到许多的批判。①“同乘者”（guest）、“重大过失”(不同的州用法不同，有 reckless、wanton) 等用语含糊不清，难以明确适用，出现同案不同判的情况，加剧了社会的不安定。同时，难以通过判决以外的方式解决，诉讼的数量反而增多了。[8] ②与立法当初的情况有所不同，现在“同乘”并不能提供特别的方便。[9] ③由于现代保险制度的发展，即使驾驶人承担责任，其好意搭乘他人的情况也不会减少。④立法之初大多举例搭便车旅行，实际上朋友或者熟人之间的搭乘会更多。这样的情况下，不支付保险金显然不符合社会感情。⑤侵权行为法上，更加重视对受害人的救济。与此同时保险的社会功能中也强调对受害人的补偿。⑥加害人与受害人恶意串通提起虚假诉讼，作伪证的

〔7〕 值得一提的是，美国汽车时代在 20 世纪 30 年代开始加速，1932 年因汽车死亡的人数超过 3 万人。

〔8〕 如果当事人能够判断裁判结果，和解的可能性会更大。

〔9〕 之前“同乘”行为在美国称为“special gift of health and pleasure”。

66 只是少数，就算有也可以通过其他法律制裁的方式加以应对。

最终，以 1969 年佛蒙特州废除《好意同乘法》为信号，到了 20 世纪 70 年代，大多数已经立法的州都废除或者限缩了该法的适用范围（最早立法的康涅狄格州早在 1937 年就废止了该法）。目前，只有少数几个州还保留相关立法。

笔者在试卷中向完全不知道美国立法经过以及相关讨论的日本学生询问了意见，发现学生的观点和上述美国实际存在的讨论之间有许多超越时代和空间的共通性。可见，调查研究外国的法律也是一件妙趣横生的事。

5. 尝试立法的意义

请读者自己事先预测颁布“好意同乘法”对社会的影响，这样应该能大概理解立法者的考量。在社会科学领域，我们是无法做实验的。即使“好意同乘法”制定并实施，将交通变化的状况制作成图标，但是其他的条件又不可能完全相同，例如汽油的价格、经济形势、交通法规的内容、车的使用方法等。这些条件不同的情况下，就很难完全一致地把握法律对社会的影响。因此，立法的时候需要从各种各样的角度充分发挥想象力，模拟社会对此产生的反应。67 关于这些预测，并不可能有所谓客观的最优解。因此，展示有说服力的根据，并进行理论上的说明是十分必要的。

※ ※ ※

制定法的解释并非一成不变，自己偶尔站在立法者的角度再次思考法律这一事物，站在新的视角鸟瞰法律，对法律的理解就会更深一步。如果有更多的时间，参考现行法并尝试自己起草法律，就能够更加熟悉法言法语，对条文的理解也会有所精进。

关于立法论，可以参考的书有：大村敦志『法源・解釈・民法学』〔有斐閣，1995〕，大森政輔=鎌田薫編『立法学講義』〔商事法務，2011〕，大島稔彦『立法学——理論と実務』〔第一法規，2013〕，中島誠『立法学——序論・立法過程論』(第 3 版)〔法律文化社，2014〕等。

06

问题6 夏加尔画作的去向

QUESTION

70

1932年，家住比利时布鲁塞尔的曼蒂尔夫妇在拍卖中以3800比利时法郎（按照当时的价格换算大约为150美元）的价格购得夏加尔的画作——《农夫与梯子》。

1941年3月，在纳粹德国进攻的当下，曼蒂尔夫妇将画作留在家中，九死一生地逃出了布鲁塞尔。这幅画后来作为“落后的犹太艺术”而被没收了。

逃到美国的曼蒂尔夫妇在战后立即开始寻找这幅画作的踪迹，但一无所获。

1955年7月，纽约的一家名为帕尔斯画廊的知名画廊从巴黎有资质的画商手中以2800美元的价格购买了名为《雅各之梯》的画作。同年10月，画廊又以4000美元的价格卖给了著名绘画收藏家李斯特。

1962年11月，遗孀曼蒂尔夫人在阅读美术杂志时发现了作为李斯特的珍藏予以介绍的《雅各之梯》就是她正苦苦寻找的《农夫与梯子》，遂向李斯特请求返还这幅画作。然而，这一请求遭到了拒绝。因此，曼蒂尔夫人针对李斯特提起了返还请求之诉。另外，李斯特针对帕尔斯画廊也提起了诉讼，要求在与曼蒂尔夫人的诉讼败诉的情况下，由帕尔斯画廊补偿其损失。

在这幅画作交易时，帕尔斯画廊与李斯特都完全不知道这幅画作是从曼蒂尔家中被夺走的。同时根据鉴定，在诉讼当时，这幅画的价值在2.25万美元左右。

那么，针对这三者间的纠纷，我们应该怎么解决呢？

※　※　※

先不要阅读后文，先试着自己思考看看。

1. 纽约州法院的判决

返还请求这场诉讼真的在纽约州法院实际发生了。经过一审、二审、纽约州最高法院，判决发生了两次转变。[1]

在一审中，由于夏加尔曾将同一幅画作描摹数张，围绕《农夫与梯子》和《雅各之梯》可能是不同的画作这一事实问题展开了争论。除此之外，讨论了以下几个法律问题：①由于时间流转，诉讼时效是否届满。②从布鲁塞尔逃走是否可被视为对画作所有权的放弃。③纳粹德国将画作为战利

〔1〕 See Menzel v. List, 267N. Y. S. 2d 804〔1966〕; 279N. Y. S. 2d 608〔1967〕; 298N. Y. S. 2d 979〔1969〕.

品予以没收是否属于合法的所有权移转。④本案中是否适用“不对外国国家在其领域内所做的行为的违法性予以判断”这一法理（act of state doctrine）。法院在审理的基础上，作出有利于原告的判断，判决（部分予以简略）如下：

（1）李斯特须将画作返还曼蒂尔夫人。

（2）帕尔斯画廊须按照画作现在的价格2.25万美元支付给李斯特。

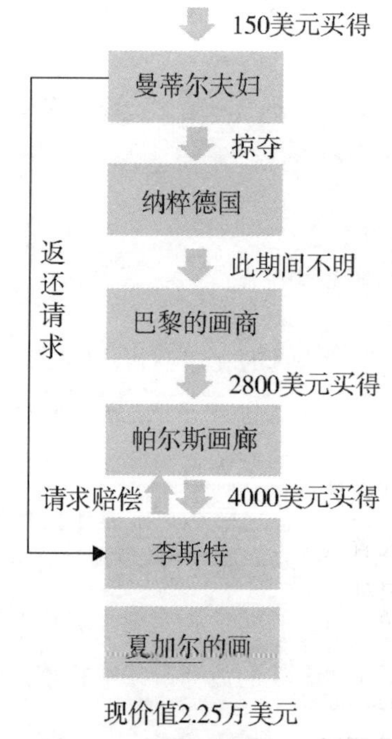

图6.1　案情示意图

在此基础上，二审法院对第二点作出了如下变更：帕尔斯画廊须按照画作买卖当时的价格 4000 美元支付给李斯特，并附带买卖时至今的利息。 72

然而，纽约州最高法院又撤销了二审判决，作出了和一审判决相同的结论。

2.《民法》的规定

那么，在日本发生同样纠纷的情况下又是如何处理的呢？与上文纽约州法院解决方法的思考角度不同，日本法律给出了如下解决方法。

首先，《民法》第 192 条规定，平稳、公然、善意、无过失地取得动产者善意取得针对该动产的权利。这也就意味着，在不知道交易对方不具有权利，并对于不知晓这一事实没有过失时，与无权利人进行交易并占有动产者取得该动产的权利（善意取得）。然而，接下来的第 193 条规定了其中的例外情况，即在该动产为盗赃物或遗失物的情况下，被盗的受害人和遗失者（原物主）可在被盗或遗失的 2 年内请求返还该动产。另外，《民法》第 194 条规定动产的占有人如果是通过拍卖、公开市场或从贩卖同类商品的商人那里基于善意购得动产的，原物主在取回动产时要补偿现占有人所支付的对价（自己可以查阅法条了解一下）。 73

换句话说，将上述法条应用于夏加尔画作一案中的话，既然画作被盗已经超过21年，曼蒂尔夫人已无法取回该画作。其诉讼请求应被驳回，李斯特和帕尔斯画廊也可以安心度日了。

3. 各种处理方案的比较

上文一共介绍了三种纠纷解决方法。第一种处理方案是由曼蒂尔夫人取回画作，失去画作的李斯特向帕尔斯画廊索要购入画作的价款4000美元（附利息）。第二种处理方案是由曼蒂尔夫人取回画作，失去画作的李斯特向帕尔斯画廊索要画作现在的价格2.25万美元。第三种处理方案是要求曼蒂尔夫人放弃取回画作。并且，本案中德国没收画作发生在21年前，帕尔斯画廊购入画作也发生在7年前。《民法》第194条对于此类案件的处理区分为交易发生的2年内和超过2年两种情况。以此作为参考，在第一种、第二种处理方案中加入时间这一要素后，由于经过了一定的期间，也有可能采取第三种处理方案。

读者自己思考的纠纷解决方法是否符合上文的方法之一呢？下文中我们将对各种处理方法进行比较探讨。

（1）静态的安全和动态的安全

一般说来，在类似本案的纠纷解决中，会涉及静态安全保护和动态安全保护这两种法律政策的对立。所谓静态安全保护，就是指保护原本真正权利人的法律政策，在本案中就是指保护曼蒂尔夫人。与此相对，所谓动态安全保护，也可以说是保护交易安全。这一法律政策为使社会活动能够顺利进行，即便占有人是从无权利人受让取得占有的，只需要满足一定的条件，即平稳、公然、善意、无过失地受让取得占有，也可以拒绝原权利人的返还请求。在本案中，就是倾向保护李斯特和帕尔斯画廊。

纽约州法院认为，只要可以证明自己是遭遇盗窃的所有人，虽然经过了 21 年，保护曼蒂尔夫人的权利才是正义的立场，也就是更加重视静态安全。与此相对，日本《民法》的立场更加重视动态安全。由于时间一旦经过 2 年以上，盗赃物经过数次转让，不了解其来源渠道的人之间会形成许许多多的权利关系。一旦在这种情况下允许原物主取回原物，会使得这些人之间的权利关系全部追溯还原。如此，就可能导致全社会出现无法安心进行交易的不利情况。另外，日本《民法》还规定，即便是在 2 年内，为使原权利人的出现导致最后的占有人的损失最小化，只在原权利人以补偿最后占有人所支付的对价为交换的条件下，才允许其取回原物。

究竟哪一种处理方案更为妥当呢？是像日本法（法国法、德国法也相同）一样，即便受让人是从无权利人手中受让物品，也要承认其取得完全的权利（前文日本《民法》第 192 条的善意取得）呢？抑或是像英美法一样，一般从无权利人手中受让物品既不能取得完全的权利，也不承认时效取得（拉丁语中所谓“nemo dat quod non habet”，也就是“任何人都不能给予他并不拥有的东西”的原则)？就像这样，关于以上两种法律政策的问题，各个国家，不同思考方式得出的结论也是不一样的。

（2）清算的方法

接下来，读者可以试着思考关于在纽约州法院围绕清算方法产生的争论。换言之，在将画作返还给曼蒂尔夫人后，应当对不知始末的李斯特所蒙受的损失采取何种补偿方法。

首先，二审法院采取的补偿方法是由帕尔斯画廊按照向李斯特贩卖画作时的贩售价格返还4000美元。这一做法的理论依据在于，该画作原本属于曼蒂尔家的财产，李斯特本不可能买得该画作。从帕尔斯画廊处购买该画作就仿佛“一场梦”，因此原本也就不可能获取画作升值的利益。〔2〕然而，如果到此为止的话，帕尔斯画廊就损失了从巴黎画商处购买画作而花费的价款2800美元（包括利息)。因此，其还可以对巴黎画商请求如上金额的补偿。接着，巴黎画商也可以向其前手的卖家请求返还购买价款。就像这样一层层地回溯法律关系，最终从小偷手中买得画作的买家可以向小偷请求返还购买款（包括利息)。虽然法律中有规定明知该画作是盗赃物而购买者，其返还购买款的请求得不到承认。然而事实上，现实中更普遍的情况是在回溯法律关系的过程中，其中一环的买家找不到其前手的卖家，而需自己承担其

---

〔2〕顺带一提，由于李斯特如果没有购买画作，其原本可以运用这笔钱产生投资收益，因此返还的金额还应包括自购买时起的利息。

购买价款（包括利息）的损失。但无论如何，这种处理方案不能够请求自己本该取得的利益补偿。也就是说，在本案中，本来帕尔斯画廊将画作卖给李斯特可获得 1200 美元的利润，但在此种处理方案下，这一利润也就不复存在了。

与此相对，一审法院和纽约州最高法院判决中采取的处理方案是在返还画作后，由帕尔斯画廊向李斯特支付画作现在的价格，也就是 2.25 万美元。这一做法的理论依据在于，李斯特在返还画作时持有的画作具有这一价值，这一情况是现实而非“一场梦”。因此，应当承认李斯特因返还画作而蒙受了 2.25 万美元的损失，并且造成这一情况是由于卖方的原因（至于卖方自身是否知道画作的隐情与买方无关），所以卖方帕尔斯画廊应当对该损失予以赔偿。这一情况下，帕尔斯画廊也同样可以向巴黎画商请求 2.25 万美元的赔偿。同理，巴黎画商可以向其前手的卖家同样请求 2.25 万美元。简而言之，这一方案下的清算与各个阶段的售价无关，而是对由于原物主的出现而产生的 2.25 万美元的赤字进行逐层清算。

（3）标的为二手车的情况

以上两种处理方案可以说都有一定的道理（再怎么说也都是在实际判决中被采用的解决方法，这也是可以理解的），我们可以试着用其他事例进行思考。假设 X 的价值 200 万日元的汽车被盗，经过多番流转，最终不知情的 Y 以 120 万日元的价格从同样不知情的二手车商 Z 处购入。假如经过一段时间的使用，该车当下价值 30 万日元。试着考虑一下，当Y将车返还X后应该如何清算呢？本案与前案不同之处在于盗赃物贬值了。但现实生活中往往出现更多的还是像这样标的物贬值的情况。在本案中，假如允许Y向Z请求购买价款120万日元（包括利息）是不是就有点奇怪了呢？Y一方面获得了在一段时间内能使用汽车的好处，另一方面事后还能将使用后现实价值只有30万日元的汽车返还，从而获取到能重新购买等同于使用前汽车价款的补偿。这一清算方法对Y过于有利了。因此，只需要给予Y汽车现实价值30万日元就足够了（读者自己可以试着画画案情示意图）。

（4）现实价格的方式与购买价格的方式

夏加尔画作一案中的李斯特不仅能像上一个例子中的Y使用汽车一样获得持有画作期间欣赏画作的好处，还能得到画作升值的好处。对此大家可能觉得让李斯特获得2.25万美元的赔偿有失偏颇。虽然在夏加尔画作一案中偶然出现了标的物升值的情况，但也找不出在非升值情况下需要改变清算方法的合理依据。简而言之，笔者认为按照现实价格进行清算具有一定的合理性。

顺带一提，前文中纽约州法院采用的购买价格方式和现实价格方式都是采取了通过牺牲动态安全而重视静态安全的处理方案下的结算方法。两者都认可与画作的流通相关的当事人一直追溯法律关系，逐层向其前手请求清算。两者的区别在于，在采用购买价格方式的情况下，随着法律关系的回溯，清算金额是逐层递减的。与此相对，现实价格方式中后手向前手请求的一直都是2.25万美元的赔偿金额，最终由可责难者承担2.25万美元的损失。乍一看，似乎现实价格方式更有利于惩罚恶者〔3〕，但就像前文汽车案中所示，现实生活中一般标的物的现实价格往往是贬值的，那么此时就未必有利于惩罚恶者了。

78

当我们思考到这一层面时，就会对《民法》第194条的合理性产生疑问了。

4.《民法》第194条的问题

正如前文所说，《民法》第194条承认了关于动产交易的善意取得规则，最大限度地保护了动态安全。另外，作为例外，第193条中规定仅在标的物属于遗失物、盗赃物的情况下，允许原物主在2年期限内取回原物。关于2年的期限是否合理虽然也存在争议，但毕竟也能起到分割时间段的作用。

然而，在2年内提出返还原物请求的情况下，关于第194条所规定的清算方法会产生如下疑问。〔4〕

---

〔3〕 偷盗者和明知标的物为盗赃物而购买者不能向前手请求清算，因此最终由他们这种可责难者承担损失。

〔4〕 虽说《民法》第193条将自己不慎遗失物品的遗失者和遭受盗窃的受害者作为同一等次进行处理是否妥当还具有讨论的空间，在此我们先不谈论这个问题。

（1）升值的情况

我们首先试着思考一下标的动产升值的情况应该如何处理（以下案例均以平稳、公然、善意、无过失进行交易为前提）。例如，L从画商P处以4000美元的价格购入画作，在现实价值达到2.25万美元时，画作原主人M出现了。由于仍在交易发生后的2年内，根据《民法》第194条的规定，M可以向L支付其购买画作时支付的4000美元，继而取回画作。在这种情况下，L就不能向P请求1.85万美元（2.25万美元减去4000美元）了。

79

《民法》第194条规定的主旨在于，即便是在交易发生的2年之内，清算主要解决原物主（M）和最后占有人（L）之间的问题，不给其他善良（不知情）的交易相关者增添麻烦。因此，可能出现对于L向P的请求一律不予支持的观点。然而，当我们把焦点转移到P和L的合同关系时可以发现，虽说P对于标的物的瑕疵不知情，但其毕竟把别人的东西卖给了L，使得L最终不能取得完整的所有权。根据《民法》第561条的规定，此时买方可以解除合同，并请求相应的损害赔偿。[5] 按照后者的思考角度，截至现在（庭审辩论结束时）计算赔偿数额时，L就可以向P请求损害额为1.85万美元的赔偿了。紧接着，P也同样可以向其前手的卖方请求1.85万美元的赔偿。

---

〔5〕 参见2020年4月实施的修订案第561条与第564条。

当我们这样思考的时候就可以发现，《民法》第 194 条规定的主旨在于，即便是在交易发生后的 2 年内，为了保护 L（现占有人），暂且先确保由原物主负担 L 购买时支付的金额（因为前手 P 可能行踪不明，至少先保证 L 在此限度内的金额）。然后 L 可以解除买卖合同，并可在减去原物主已经补偿的数额的基础上向上游卖方请求相应赔偿。然而，要是《民法》第 194 条中规定的不是支付“占有人支付的价款”的赔偿，而是规定最后占有人返还标的动产时动产的现实价值的话，权利关系应该就能够更明确了。

80

（2）贬值的情况

在涉案动产贬值的情况下思考这个问题就更为明显了。我们可以试着用前文汽车的例子进行思考。Y 以 120 万日元的价格从二手车商 Z 处购得一辆汽车。在汽车的现实价值为 30 万日元时，原物主 X 出现了（假设在 2 年期限之内）。根据《民法》第 194 条的规定，X 在取回汽车时应该向 Y 支付其购入时支付的价款 120 万日元。在这一情况下，Y 不仅可以白白将原价值 120 万日元的汽车使用到仅具有 30 万日元价值，享受其间汽车带来的利益，还可以以现实价值仅 30 万日元的汽车换取 120 万日元，Y 就毫无根据地得到了好处。当然，在这种情况下如果从不给其他交易参与者 Z 等人添麻烦，从而保护交易安全这一观点来看，是完全没有问题的。但是，为了达成这一目的，X 只需付给 Y 30 万日元就可以解决问题。这是因为 Y 归还了价值 30 万日元的物品而获得了 30 万日元的现金，故不应再向Z请求相应的赔偿了。因此，在这种情况下，不按照《民法》第194条所规定的购买价格进行赔偿，而是按照占有人遭到的实际损失进行赔偿更为合理。当然，当我们把目光扩展到民法整体时，在这种情况下可以先让X姑且承担120万日元的支付义务，然后再作为车的所有人向Y提出90万日元的使用费请求（基于《民法》第703条的不当得利返还请求）。最终，X也只需要支付30万日元就能确保纠纷圆满收场。

81

就像这样，通过灵活运用承担调节平衡职责的《民法》第703条，根据《民法》也能使问题最终得到平衡解决。然而即便如此，也不能否认，《民法》第194条采用购买价格进行清算的方式会带来许多不必要的复杂处理。

※　※　※

不管怎么说，针对同一问题，法律层面的解决可能存在多种方法，而这些方法之间的差别只不过是相对而言的，我们只需要理解到这一层面就可以了。

在这里，我们把这些情况作为问题进行探讨解决，只不过是在所有法律制度中考量相对立的利害得失之间的平衡，考虑按照法律的某种处理方案是否妥当，并讨论能否为其提供说理的理论支撑罢了。此外，我们更需要认识到我们在讨论时所进行的妥当性优劣的比较，归根结底都不过是在从我们被给予的法律制度的框架中寻找一个更具有说服力的观点。因此，参考外国法的其中一个意义就在于，可以如此这般从一个相对性的视角去思考问题。

07

问题7 起草一份合同

QUESTION

84

温迪一行人被彼得潘（Peter Pan）带到了梦幻岛（Never Land）。在岛上，他们被海盗胡克船长抓住了。喽啰们载歌载舞道："海盗的生活可真是轻松呢!"这时，胡克船长逼他们从两个选项中作出选择。第一个选项是，蒙住眼睛走在从甲板延伸到大海的木板上，然后掉进海里。嗯，那么，还有一个选项是什么呢?

答案是在契约书上签名，成为船长的跟班。仅仅这样当然不算是"法学之门"，真正的问题如下文所述，但也并不是和胡克船长没有一点关系。

A同学下定决心花了30万日元购买了一台大屏幕的台式电脑。突然，A得知自己要到国外的大学去学习1年，但又不能带着这台电脑一起去。因为想有效利用电脑的价值，A就打算在这1年内把电脑租出去。与此同时，A的朋友B同学，正在犹豫要不要购买类似的电脑，就想着向A租1年，1年之后再买性能更好、更便宜的电脑。于是，A以每月3000日元的价格向B出租了电脑，期限为1年，进展十分顺利。

现在，试着拟定一份说明该交易行为的合同吧。从交付到返还的全过程中，可能出现各种各样的情况。提前思考这些可能发生的情况是非常重要的。

※　※　※

不要马上看下文，先尝试着自己去思考。

1. 主动的姿态

设想一下围绕电脑租赁可能产生的一系列问题，希望读者通过此时当事人权利义务的确定把法学当成与自己息息相关的东西去考虑。如此采取积极措施，当看到社会上实际使用的合同的时候，就能明白那里所列的条款各自内容是什么，规定的目的是什么。法学并不是单纯以被动的姿态去学习就可以的，它讨论的是为什么那里会出现那样的问题，出现问题的时候又意味着什么。希望这种积极主动的心态可以成为你专心研究法学的态度之一。

2. 交易的艺术

当然，合同是交易的结果，不能单方面作出只对一方当事人有利的决定。双方当事人对交易成立的必要性进行互相揣测时，也在考虑着“give and take”整体的平衡点，摸索着可以妥协的地方。美国的法学教育在很久以前就开展这样的“模拟谈判教学”了，日本也紧随其后。具体而言，就是把学生分成代表双方当事人的两组，分别告诉双方一定的前提和事实条件，两方当事人都分别从自己被告知的前提、事实条件上开始考虑。由于他们各自都掌握了对方所不知道的秘密信息。因此，不能采取单方强势的进攻策略，而是需要通过谈判来寻找妥协点。许多信息都因被相对方隐瞒而不得而知，因此也就不能说哪一方更具优势。举个例了，双方就某一物品的买卖合同进行交涉，不过事实上，买方早已确定了转售该物品的第三方，如果在某一期限内不把该物品买下来的话，就会失去这一交易机会，而且还要承担相应的违约责任。另外，卖方这边其实资金周转困难，无论如何也得把该物品卖掉。就模拟而言，并不一定需要达成妥协，重点在之后谈判时希望达成的目的以及选择谈判策略上，等等。[1]

笔者也举办过类似的模拟案例演习，相当有意思。但是，上述案例是一个人考虑合同条款的情况，除“每个月3000日元并持续1年”的租赁条件之外，为了达成合意，还需要找出什么条件是十分重要的。但是，这里的主题并不是要摸索那些事项的妥协点。

---

〔1〕 详见ロジャー・フィッシャー=ウイリアム・ユーリー〔金山宣夫他訳〕『ハーバード流交渉術』〔TBSブリタニカ，1982〕，太田勝造『民事紛争解決手続論』179頁以下〔信山社，1990〕，太田勝造=野村美明編『交渉ケースブック』」〔商事法務，2005〕。

3. 契约文化和不写契约的文化

如果你是问题中的A或B同学，你真的会拟定一份合同吗？估计是不会的吧。实际上，作为出题人的笔者，在美国留学的2年内，也像那样把自己的车子租给了朋友[2]，那个时候就没有起草合同。不过期间发生了机动车损害事故，没想到那辆车会报废。万幸，当时金钱上的纠纷得以圆满解决，我们的友情也没有出现裂痕。尽管我们没有为这种情况提前约定，但事情能够圆满解决并不是因为我们的品格高尚，只是我们能够体会对方的心情。

不过，笔者在美国的时候也写过合同。留学快结束的时候，回国之前，笔者把当时用的车卖给了一位要从法学院毕业回到故乡的学生。因为当时对方马上要成为律师了，所以笔者请他起草了一份合同，经过多次的改正，我们在合同上签了名。在交付车子之后，出现了一些问题——散热器漏水，水蒸气不断上升。不过根据合同，交付之后，笔者就不用对此承担责任了。虽然感到有些抱歉，但也只能那样了。

为什么在日本不用写合同，而在美国却要写合同呢？笔者认为，理由还是在于是否可以期待对方与自己配合默契。

围绕法意识的争论一直没有间断过。日本人的契约观念

---

〔2〕 该交易中，笔者享受到不用交保险费的利益，而那位朋友只需缴纳其中的税金、车检费就可以享受便利。

就是其中的一个部分，至今被人们广泛讨论。虽然现在也有批判的观点，但是为了理解这些批判观点，岩波书店的新书——川岛武宜的《日本人的法意识》[3] 可以说是一本必读的作品。根据书中的观点，相比于西方人，日本人欠缺权利意识。受日本社会中“圆满”观念的影响，发生纠纷时，向对方提起诉讼的一方会被认为是在挑衅。许多学者对日本人的法意识都持这样的观点。[4] 另外，柴田光藏在《法的原则与真实》[5] 中以“场面话”与“真心话”为关键词，也归纳出相似的日本人的法意识。根据这些观点，关于合同，正如下文所述。交易建立了一种包括人际关系在内的总体关系，而合同又是冷冰冰的东西。因此，就算是在需要合同的情况下，递交合同的时候也会悄悄地说：“这只是形式上的东西而已。”此外，合同难以约定细枝末节的事项。交易得以成立，构建出双方的总体关系，本身是一件值得高兴的事情。因此，在交易开始时就设想可能因合同产生的纠纷，并将其写入条款的行为被认为是不吉利的。就算勉强设置了这样的条款，日本人还是更偏好“带着诚意去解决问题”，对权利义务关系的态度十分暧昧。合同在很多情况下没有出现什么问题，是因为除了法律，信赖关系、情理还有

---

〔3〕 参见川島武宜『日本人の法意識』〔岩波書店，1967〕。

〔4〕 比如，田中英夫『実定法学入門』（第3版）〔東京大学出版会，1974〕；Y. Noda, Introduction to Japanese Law〔Univ. of Tokyo Press, 1976〕。

〔5〕 参见柴田光蔵『法のタテマエとホンネ』（新増補版）〔有斐閣，1988〕。

“面子”等要素起到了很大的作用。上文对日本人的法意识的看法，是从所有日本人都能理解的事情中抽象出来的，很有说服力。

不过，大木雅夫在《日本人的法观念》[6] 一书中对此进行了反驳。关于这个问题，该书和上述川岛武宜的《日本人的法意识》一样，都是必读的书。书中提到，西方也并不是完全靠权利义务决定一切的。另外，日本也有传统的法治主义观念，用一定的框架切割日本人的法意识，并认为其具有特殊性，这是有问题的。此外，六本佳平的《法社会学》第211页之后，从法社会学的角度出发，指出了上述川岛学说存在的问题。

89

即使存在这样对立的观点，当笔者看到文章开头介绍的《彼得潘》中的一幕时，还是不禁感叹法意识的差别。

《彼得潘》是英国剧作家詹姆斯·马修·巴利（J. M. Barrie）的戏剧作品（1904年首次演出）。笔者不太清楚“海盗胁迫他人在契约书上签名”的设定是一开始就有的，还是后来迪士尼在动画化的时候加入的。但不管怎么说，还是可以作为展示非法律家的一般英美群众的法律观念的例子的。如果只有这一个例子，可能确实不足挂齿，不过迪士尼的动画中还有一个非常有趣的例子。

那就是《小美人鱼》（The Little Mermaid）[7]。这部影

---

〔6〕 参见大木雅夫『日本人の法観念』〔東京大学出版会，1983〕。

〔7〕 See The Little Mermaid, Film of Walter Disney, 1991.

片中出现了另一种形式的合同。人鱼爱丽儿爱上了陆地上的王子，想成为人类的她和海之女巫乌苏拉做了交易。爱丽儿用美丽的声音换来了3天变成人形的时间，若在第三天日落之前得到王子的吻，就可以永远变成人类。但要是没有得到王子的吻，就会变回人鱼，并且要一直侍奉乌苏拉。契约书的内容如下："我愿用声音，向海之女巫乌苏拉换取……"（I hereby grant unto Arsula, the Witch of the Sea, one voice, in

90 exchange for……）爱丽儿在这份契约书上签了名。这份契约书在重要的场面一共出现了2次，但都一闪而过，后半部分可能没起草。即使起草了，能读到的也只有开头部分。总之，这里想表达的是人鱼和女巫签订了契约。

4. 起草合同需要考虑的因素

开场白有些冗长，现在让我们进入正题——合同拟定环节。

91 实际上，笔者手里有一份租赁合同模板，是原先在电脑制造公司法务部工作的朋友送的。这是一份租赁公司在出租电脑时使用的标准合同，4页A4纸上有2列共27条详细的规定。让我们以此为参考，为了方便理解可以将其简化，试着去写一份A和B同学之间的电脑租赁合同吧。

首先，设出租人A为甲，承租人B为乙。就算不用甲、乙也没什么关系。但一般来说，为了尽可能简化合同文本记载的内容，在开头的地方用“甲”“乙”这样专门的记号来代表双方当事人。合同的开头如下：

甲、乙签订如下合同。为了证明合同的真实性，制作本合同正本两份，甲、乙各执一份。

如果合同只制作一份，只有一方持有合同，那么没有合同的一方虽然可以基于合同行使请求权，但对方恐怕会以并未订立合同进行反驳。当然，《民法》第601条规定，成立租赁合同并不一定需要采用书面形式（即所谓“诺成合同”），但在没有书面合同的情况下，想要成功证明合同的内容是相当困难的，大多数情况下都是办不到的。从这个意义上讲，同样的合同做成两份，双方在上面签名、盖章，然后各自保管是非常重要的。

第1条　（合同的目的）乙以下述条件，向甲租借附页记载的物品（下文称设备）。

本条约定了特定租赁对象。下文也是如此，在附页上具体记入电脑的型号、产品编号、汇款账户等。对于租赁对象，有必要事先约定是否包含电脑的附属品、操作手册、软件等。

92

第2条　（交付）（1）甲应当将设备调整到乙可以使用的状态后，按照附页记载的交付日期和交付场所，将设备交付给乙。

（2）乙应当在拿到设备时立刻进行检查（检查费用由乙承担），确认无瑕疵之后，在甲自带的收据上签名并盖章

后，受领设备。

本条是关于交付的规定。第2款所说的“瑕疵”，意思是广义上的缺陷，指的是标的物预先设定不应存在的状态。当租赁合同的标的物存在瑕疵时，除非有特别的约定，根据《民法》的规定，承租人因瑕疵而无法达到使用目的的，有权解除合同，并有权请求相对方修缮、减少租金或者损害赔偿等。该合同在交付阶段给承租人设置了检查义务，是为了在后面的条款（第8条）中加入“即使有瑕疵，甲也无须承担责任”的特别约定。

第3条　（设备的毁损）（1）乙使用设备时应尽到善良管理人的注意义务，设备发生毁损时，除因发生自然灾害、战争等不可抗力外，由乙负修理义务。

（2）无法修理的情况下，应当由乙按照附页记载的金额向甲支付损害赔偿金。

对于甲来说，只是单纯想让乙承担责任，设备毁损的原因在所不问。但是这样的话，设备因地震从桌子上掉落毁损，也就成了乙的责任。对此，乙当然想进行抗辩。因此，乙除非能证明不可抗力造成的损害，否则就要承担责任。照此理解，比如，乙的友人C到乙家中做客，C的狗把设备弄坏时，乙本应当防止狗接近设备，但是却没有尽到该义务，这时乙应当承担责任。此外，第2款预先约定了损害赔偿金（《民法》第420条）。据此，出现类似情况时，就可以避免计算电脑现实价值的麻烦了。

93

第 4 条　（期间）租赁期间以附页记载为准。

本问题中，租赁期间为自交付电脑之日起 1 年。

第 5 条　（租金的支付）（1）乙应当按照附页记载的方法向甲支付约定的租金。

（2）迟延损害金以附页记载为准。

在本案例中，租金为每个月 3000 日元，乙每个月月底向甲指定的银行账户汇款并承担手续费。事先决定这样的支付方式是必要的。第 2 款指的是在延迟支付租金的情况下，约定按日计算一定额度的损害赔偿金并支付，和第 3 条第 2 款一样，都是预先设定损害赔偿金。

第 6 条　（侵害设备所有权行为的禁止）（1）乙不得将设备转让给第三人，不得在该设备上设定担保以及不得实施其他侵害甲所有权的行为。

（2）甲可以在设备上张贴可以明示自己所有权的标识，乙应当维持该状态。

既然是租赁合同，第 1 款是理所当然的，重要的是第 2 款中“姓名牌”的有关事项。乙违反第 1 款规定，将设备出卖给第三人后，甲当然可以追究乙的责任。但做出此举的乙，这个时候可能已经下落不明，或者可能已经没有足以承担责任的财产了。如此一来，甲就只能向第三人要求返还设备，但第三人则会反驳说，他认为这是乙的东西。如果认可了这种反驳，最终甲要自己承担损失。根据《民法》第 192 条的规定，第三人平稳、公然并且善意无过失地占有该设备

94

时，就可以取得该设备的所有权。“善意”就是“不知情”的意思[8]，这里说的“善意无过失”指的是第三人“不知道”设备并非乙的物件这件事“没有过错”。因此，预先贴上前文所说的姓名牌的话，（第三人）就不能说不知道了。不过，当乙将第2款约定也一起打破时，无论怎样都是没办法的了。

第7条 （报告与检查）（1）在甲提出要求时，乙应当以书面形式向甲报告设备的状况。

（2）甲或者甲指定的人请求检查设备状况时，乙应当迅速给予回复。

对甲来说，这样的条款是非常方便的。

第8条 （瑕疵担保责任）甲不承担由设备瑕疵产生的一切责任。

本条以上述第2条为前提。本案例中，因为甲在海外，这么做可以减少麻烦。此外，对乙来说，要承担此等风险，其可能希望租金会更便宜些。

第9条 （合同解除）当乙出现以下任一情况时，甲无须催告，即可解除本合同。

①延迟支付租金；

95 **②毁损设备或未进行其他必要的保存行为；**

③存在临时扣押、临时处分、强制执行、拍卖的申请、

[8] 与之相对，“恶意”就是“知情”。

拖欠税款的处分，或存在受到破产、重整程序开始等申请时。

在乙延迟支付租金的情况下，甲可以根据第 5 条第 2 款取得迟延损害金。而根据本条第①项的约定，如果乙始终都不支付租金，此时甲可以单方面解除合同。根据《民法》第 541 条的规定，当事人一方不履行债务的，相对方可以催告在相当期间内履行，若在该期间内仍不履行，得解除合同。[9] 因此，本条在确认可以解除合同的情形的同时，还特别约定不需要催告，这也是本条存在的理由。第②项属于构成重大违约的情形，目的与第①项是一样的。与之相对，最后第③项中的情形，乙自身并没有违反合同。然而在这种情况下，不仅存在乙无法支付租金的风险，设备本身也很有可能被第三人取得，因此甲想要取回设备是理所当然的。[10]

第 10 条　（取回）租赁期间届满之时，在 1 个月内，甲在附页记载的交付场所取回设备。

这是关于取回设备的规定。虽然也可以考虑让乙负担费用并将设备运至指定的地点*，但本合同约定由甲自费到当初的交付地点取回设备。期限届满后，如果甲一直不把设备

---

〔9〕 2020 年 4 月施行的修正案中追加了但书：相对人的不履行在合同以及社会一般观念看来情节轻微时，不在此限。

〔10〕 2020 年 4 月施行的修正案第 541 条的但书同样承认在该情况下的解除合同。

* 如交通费等必要费用。——译者注

取回，乙对此也是十分困扰的，因此附上1个月以内的限期。

第11条 （合意管辖）甲乙双方同意就本合同有关的诉讼，由附页记载的法院专属管辖。

这就是合意管辖条款（《民事诉讼法》第11条）。此外，也可以约定通过仲裁预先决定解决方案。[11] 无论如何，在类似的争议解决条款缺失的情况下，会围绕“在哪里进行诉讼”产生相关的争议。也就是说，这是为了使争议尽快得到解决，这也是预防法学上考量的体现之一。另外，如果这是一份国际性的合同，就要决定在哪个国家的法院审判，并且提前决定适用哪个国家的法律也十分重要。[12]

此外，对于甲来说，为了预防可能发生的损害赔偿，事先收取一定额度的保证金，或者能够从乙的连带保证人处取得签名、盖章的话，会令人更加安心。

※ ※ ※

至此，把它和你拟定的合同相比较的话，感觉如何？

话虽如此，如果有一位想向你租用电脑的朋友，拿着这样的合同请你帮他签名、盖章，你会怎么想呢？是觉得理所当然，还是对他的一丝不苟感到敬佩，抑或是觉得对方不信任自己而因此感到生气呢？其中就体现了你的法意识。

---

〔11〕 关于仲裁协议的效力，参照《仲裁法》第13条。

〔12〕《民事诉讼法》第3条第7款以及《法律适用通则法》（「法の適用に関する通則」）第7条。

08

问题8 **还能相信判例吗**

QUESTION

98

A与B产生民事纠纷，在向律师咨询后得知，根据这类问题的最高法院判决，B的主张将难以得到支持。因此，A不想和解，并果断拒绝了B的要求。B虽然提出了诉讼，但是一审和二审法院都遵循判例，判决A胜诉。A认为这是“天经地义的胜利”，故而当他听说B仍然坚持上告，觉得这真是有些过于纠缠烦人。然而，最高法院却采纳了B所主张的法律解释，认为“应该变更与上诉解释不同的本院判例”，从而撤销了原判决。

A颇为震惊。作为遵纪守法的善良市民，A正是因为相信支持自己主张的相关判例才坚持诉讼程序。如果一开始就知道判例可能变更的话，便会选择和解，至少不会因为诉讼而浪费大量劳力、费用和时间。

那么，虽然现在并不存在这种保护变更判决的败诉当事人的特别制度，但是作为以实现正义为导向的司法制度，真的就可以不管A的这种情况吗？如果不采用现行制度，请诸君想想新的司法制度应该如何设计？

※　※　※

请不要马上阅读下文，自己的思考才是最为重要的。但是，到底什么是判例，如何理解判例的拘束力？对于不清楚判例变更实例的读者，建议先阅读本问题的前六部分，再在此基础上进行思考。

1. 判例的重要性

从历史上看，日本自从平安迁都之后，国家制度逐渐稳定，越来越重视“有职故实”*。追根溯源，9 世纪末期朝廷的活动已经达到每年 200 个以上，为了如期举行这些活动，想必需要耗费精力，需要借助于熟悉“故实”的人。随着时代发展，1701 年在江户城松之廊下，浅野内匠头长矩砍杀吉良上野介义央，从而发展成讨伐赤穗浪士的事件。据说事件的起因是，浅野被指定为接待下派江户的御使（朝廷派出的使节）的工作人员，其在接受幕府司仪吉良的礼仪指导时，被吉良说是“乡下人”，感觉遭受了侮辱。

这个故事虽然不涉及纠纷处理的问题，但是做任何事之前尊重先例是两者相同之处。若一味按照先例做事的姿态也有不好的地方，可能被认为是一种不良的官僚主义。如果

* 做事必问遗训。——译者注

一直如此，就难以恰当而机敏地应对新情况。

但是，先例是前人根据情况作出决断并实施的例子，遵循先例的好处之一是可以省去从零开始思考的步骤。另外，先例影响社会整体或者特定人，即裁判以及行政处分具有稳定社会的价值。也就是说，对任何人，确保相同的情况得到相同的对待，只要遵循先例，人们就可以轻松地进行社会经济活动，社会才能安定发展。因此，社会的方方面面都会尊重先例。

100

2. 先例拘束性原理

如上文所述，在裁判中尊重先例最重要的依据是通过保障相同的情况得到相同的对待，从而促进社会的稳定。更进一步就会形成这样的规则：认可先例的绝对拘束力，而不认可任何判例变更。

过去，作为英国最高法院的贵族院作出的判例不仅拘束下级法院，也拘束贵族院本身，想要变更这方面的法律，只能通过立法院制定法律。这被称为“先例拘束性原理”，也是英国法的基础规则。

然而，即便是英国也是到了19世纪末期才确立该原理。这是因为能够完全知晓判例是建立在存在判例集的前提之上的，而这种判例集（Law Reports）直到19世纪中叶才开始刊行。与此同时，下级法院也推进了判例的整理统一。另外在确立贵族院权威的背景下，19 世纪后半叶的若干判例中确立了“先例拘束性原理”[1]。

但是，1966 年的贵族院声明（Practice Statement）废止了这种先例拘束性原理，如果变更先例更为妥当的话就可以变更先例。其理由是，过于苛守先例可能导致个案缺乏具体妥当性，而且有可能阻碍法律的适当发展。[2] 正义的实现不仅需要法律的安定，有时更需要接受必要的变化。

与上述英国法变迁不同，法国法、德国法等大陆法中本来就不存在严格的先例拘束性原理（基本继受英国法的美国法亦是如此），同属大陆法的日本法亦是如此。实际上的判例变更是通过后述第五、六部分的方式展开的。但是，这也绝不意味着在不用遵循先例拘束性原理的国家（包括 1966 年以后的英国）的裁判中不需要尊重判例。基于此，下面首先来具体看看日本对待判例的态度。

3. 判例在事实上的拘束力

（1）拘束法官

日本也经常使用“判例法”一词，但是并不承认判例的法律拘束力。《宪法》第 76 条第 3 款规定：“所有法官依良

---

〔1〕 大木雅夫「先例の価値——その拘束性をめぐる」野田良之先生古稀記念『東西法文化の比較と交流』45 頁〔有斐閣，1993 年〕。

〔2〕 参见田中英夫『法形成過程』62 頁〔東京大学出版会，1987〕。

心独立行使职权，只受本宪法及法律的拘束。”

※除此之外，在民事案件中，1875年的《太政官布告》第103号裁判案务心得中也提到“民事审判时如无成文法律规定的……应当推察事物的道理而进行审判”。当时，日本的制定法不完善，有时候难以通过法律明文规定进行裁判，此时就有必要规定通过应然法的“条理”进行裁判。另外，《法院法》第4条规定“上级审法院对案件的判断，对该案件的下级审法院产生拘束”，但是这里主要的是“对该案件”的限定。如此规定是为了避免最高法院发回重审的下级审法院再次作出与最高法院不同的判断，从而导致案件无限反复。此外，《刑事诉讼法》第405条第2项、第3项规定，与判例抵触的下级审判决可以上告，但这是存在前提的，即如果下级审法院认为是恰当的，那么就可以作出与最高法院判例不同的判决。《刑事诉讼法》第410条第2款规定，最高法院可以变更判例。

102

但实际上如下文所述，最高法院的判例对于下级法院以及最高法院本身具有事实上的强大拘束力，结果是在社会生活中，判例具有与法律规范相似的机能。这种看法几乎是常识。

（2）程序上的框架

首先，在程序上，变更判例要求特别程序。最高法院的裁判分为两种：一种是由全部15名法官构成的大法庭作出的裁判，另一种是由 5 名法官构成的小法庭作出的裁判。根据《法院法》第 10 条第 3 项的规定，由大法庭进行裁判的是“对于宪法以及其他法令的解释适用的意见与最高法院以前作出的裁判相反”的情况。因此，即便是最初由小法庭审理的案件，如果认为有必要变更判例时，也可以转移到大法庭进行审理。这反映了变更判例需要特别谨慎，也间接发挥了让变更判例变得更加困难的机能。

103

(3) 最高法院本身对判例的尊重

当然，在实质判断中，认为应当变更判例的法官占到大法庭成员过半数的话，就应该变更判例。然而实际上法官尊重判例的意识非常强，没有判例倒是还可能作出不同的判断，一旦存在判例，一般倾向于不变更判例。〔3〕现实中也有以下意见：“一旦涉及变更作为权威解释而作出的判例，最高法院应该在此之前斟酌、探讨是否需要变更以及变更是否恰当，特别是在运用上应当极力避免以微小差距的多数决而进行变更。”〔4〕

(4) 下级法院的应对

另外，在制度上，下级法院认为变更判例确有相当的理由，且这种理由甚至比尊重最高法院判决从而实现法的安定性的优点还要重要之时，也可以作出不同于判例的判决。对

---

〔3〕 参见伊藤正己『裁判官と学者の間』50、63 頁〔有斐閣，1993 年〕。

〔4〕 后述第六部分中的全农林警职法事件判决中田中二郎等 5 位法官的少数意见（刑集 27 卷 4 号 598 頁）。

此，根据说服力的不同，可能具有迫使最高法院再次考量是否变更判例的积极效果。但是，即便一审法院作出与判例不同的判决，败诉当事方也可以提出二审上诉，进而上告至最高法院，存在发回重审的高度可能性。如此，从下级法院法官的实务感觉来说，只要不存在反对判例的理由，是不会去写一份冗长却没有效果的判决书的。〔5〕

104

此外，还有观点认为，根据《宪法》第80条第1款规定的“下级法院法官，由内阁按最高法院提出的名单任命”，说明最高法院具有事实上的拘束力。〔6〕

（5）现实社会以及检察官的应对

现实中还存在以下情况，即通过了解判例，实务界就会采取相应的应对策略解决案件，故案件本身就不会到法院诉讼了，最高法院当然也就没了变更判例的机会。这种情况原来最典型的就是检察官如果不提起公诉就没有刑事案件的开始，比如《刑法》第200条规定尊亲杀人比一般杀人处以更重的刑罚，最高法院判例认为该条违宪。〔7〕此后基于该条

---

〔5〕但是，对此观点也存在下述有力批判：对于法官来说，最重要的是实现正义，这种层次的低诉讼经济性而产生的事实上的拘束力的说明是不妥当的。参见中野次雄编『判例とその読み方』（3訂版）18—19頁（中野執筆部分）（有斐閣，2009年）。中野的这本书是关于法官自身对判例的理论性、具体性的分析，关于这里而讨论的问题，与本书经常引用的田中英夫的《法形成过程》（1987年）一起都是必读书目。虽然观点各异，但是正因如此，两本书都是非常重要的。

〔6〕参见樋口陽一「判例の拘束力・考」『日本国憲法の理論』684頁〔有斐閣，1986年〕。

〔7〕参见最高裁（大法庭）1973年4月4日判决（刑集27卷3号265頁）。

的起诉便消失了。可能随后社会发生了变化或者最高法院法官构成发生了变化，但即便存在作出不同判断的可能性，也已经不存在变更判例的机会了。而且在 1995 年，以刑法现代语化为主要目的的第 91 号法律中删除了《刑法》第 200 条。 105

4. 与先例的区别

（1）判决理由与附带意见

我们经常谈论“判例”，那么判决的文字中哪些部分才是“判例”？对此，我们可以将判决的内容分为“主论”（ratio decidendi）与“旁论”（obiter dictum），一般认为，原则上主论部分才具有先例拘束力。〔8〕

问题是 ratio decidendi 到底是什么呢？这大概类似于从判决书中抽取出的“要件”与“效果”所构成的法律规范。“效果”部分在判决结论中是比较明确的，但是“要件”往往依据法院在推导出结论时所必需的“重要事实”，在性质上不能一概而论。

现实中案件事实往往是由极其众多的事实所构成的，所以不可能存在完全相同的案件。因此，假如包含细节在内，所有的事实关系都可以被评价为“要件”，那么判例在

〔8〕 虽然有人不翻译为“主论”而翻译为“判决理由”，但是日本判决中书写判决理由的部分都记载为“理由”。为了避免混乱，本书使用更为妥当的“主论”或者原文“ratio decidendi”的表述。

106 事实上就完全不会对此后的判决产生影响。但是，现实的法院不会将构成案件的所有事实都当作“要件”，而是以其中若干“重要事实”为前提推导出结论。案件当日的天气、时间、当事人姓名、服装穿着、数量、金额等在大多数情况下并非重要事实，但是在有些场合下，比如特定的金额就会是重要的事实，所以不能一概而论。[9]

此外，这里的“重要事实”不仅包括案件中存在的事实，“不存在的事实”也是很重要的。也就是说，不存在某事实也可能是“要件”之一，如果此后的案件中存在该事实的话，就不受到先例拘束力的影响。

（2）作为说理操作的“区别”

如上所述，关于“重要事实”的认定，由于存在各种观点，使得一定范围的说理操作成为可能。

如前文所述，在英国先例拘束性理论还是主流的时代，由于时代的变化或者观点的差异，即便是在适用先例规则不恰当的情况下，也不可以正面变更先例。因此，不从正面否定先例，而使用与先例“区分”（distinguish）的方法解决此问题。即如果与先例相抵触的话，可以通过如下方式进行操作：尽可能限缩理解先例的 ratio decidendi 的方式，与先例进行区分，从而作出不受先例拘束的判决。[10]

107 与此相对，在下级法院未必受到上级法院判例的拘

---

〔9〕 具体例子参见田中英夫『法形成過程』35頁〔東京大学出版社，1987〕。

〔10〕 参见高柳賢三『英米法源理論』（全訂版）78頁以下〔有斐閣，1966年〕。

束，最高法院自身也允许变更判例的制度下，判例与先例的区别所具有的意义的大小显然也是存在差异的。但是，如前文第三部分所述，在日本判例具有事实上较强的拘束力，与先例的区别还是非常重要的。在判例研究中经常提及“本判决的涵盖距离（或者涵盖范围）”，其实就是讨论本判例的 ratio decidendi 是什么，以及评价对今后的裁判产生什么影响。另外，在向最高法院提出的上告理由中，大多会主张过去判例的涵盖范围包含案件的情形，以及原判决违反了判例是不当的，等等。对此，最高法院则往往认为“引用的判决不适用于本案”。这是因为，被引用判例的 ratio decidendi 并不像上告理由所想那般宽泛，因此与该案件关系不大。

此外，最高法院的判决展示一般判断规则的同时，不少情况下会提及“除非存在特殊情况”的用语。这就是为了唤起对上述“重要事实”中“不存在的事实”的注意，与一般情况不同，考虑到了防止超越最高法院所设定的涵盖范围的危险。[11]

5. 变更判例的例子

下面，试举几个正面变更判例的例子。

(1) 有责配偶提出的离婚请求　108

首先，在民事案件中，关于离婚原因的判例变更是比较

〔11〕 参见伊藤正己『裁判官と学者の間』28 頁〔有斐閣，1993 年〕。

简单的。《民法》第770条第1款规定“夫妇一方，以下列各项情形为限，可以提起离婚之诉”，与“配偶有不贞行为的”“被配偶恶意遗弃的”等情形相并列，第5项还规定了“有其他难以继续婚姻的重大事由的”情形。关于第5项的解释，就产生了一个问题，即对自己造成难以继续婚姻的重大事由的人（有责配偶）提起的离婚请求是否可以予以支持。

关于这个问题，最高法院1962年2月19日判决（民集6卷2号110頁）的案件事实如下：丈夫与妻子以外的女性生了私生子，妻子知晓后要求丈夫断绝与该女性的关系，也对丈夫有挥舞菜刀等暴力行为，结果离家出走的丈夫一方提出了离婚请求。虽然妻子的行为可能有些过头，但是原因在于丈夫一方，其离婚请求也就意味着寻找情妇的丈夫想要赶走妻子，“如果支持相关请求，对被上告人妻子来说完全就是祸不单行”，法院认为不应当支持有责配偶提出的离婚请求。[12]

但是，35年后，最高法院（大法庭）1987年9月2日判决（民集41卷6号1423頁）全体一致地变更了上述判例，判决如下：虽然本院不支持违反公平正义观念以及社会伦理的离婚请求，但是夫妻关系已经破裂且不可恢复，失去了社会生活上的实质基础而只存在户籍上的婚姻显然是不自然的，“即便是有责配偶提起的离婚请求，考虑当事人的年109 龄以及同居期间，夫妇分居达到相当长的期间，而且在两者

〔12〕 有名的“祸不单行”判决，此后还有若干个相同主旨的最高法院判决。

之间没有未成年子女的情况下，除非存在另一方配偶因离婚而陷入精神上、社会上、经济上过于残酷的状态且容忍离婚请求将导致严重违反社会正义的特殊情况，有责配偶提起离婚请求并非不可被支持”。可以说，这是由于对离婚的看法以及离婚的整体状况都发生了变化，导致判例也不得不发生变化。〔13〕

（2）违反《利息限制法》的利息

另外，虽有些年份了，关于《利息限制法》的判例变更仍颇为有名。根据《利息限制法》第 1 条的规定，根据借款金额，比如本金在 100 万日元以上的，年利率超过 15% 的利息，其超过部分是无效的。在 2006 年第 115 号法律修改之前，该条第 2 款规定：“债务人自愿支付前款规定的超过部分的，不适用前款规定，不可请求返还利息。”下面这个判例便是关于上述第 2 款规定的案例。

在最高法院（大法庭）1962 年 6 月 13 日判决（民集 16 卷 7 号 1340 頁）中，对于超过部分应当按照返还本金进行处理的主张，最高法院认为，既然上述第 1 条第 2 款否定了超过限制支付的利息的不当得利返还请求权，那么其超过部分

110

〔13〕 关于该判例变更，参见星野英一 = 右近健男「対談・有責配偶者からの離婚請求大法廷判決」法学教室 88 号 6 頁〔1988〕。另外，根据 1994 年 7 月法务省民事局参事官发布的「婚姻制度等に関する民法改正要綱試案」（ジュリスト 1050 号 214 頁），除《民法》第 770 条中的离婚原因中“夫妇连续 5 年以上没有共同生活”，还有“因离婚而致使夫妇一方或者子女在精神、社会或者经济上陷入明显过于残酷的状态的，可以驳回离婚请求”。

冲抵本金的做法就相当于认可了返还请求，两者具有相同的经济效果，所以本院不支持其充当本金的请求（多数意见为9人，反对意见为5人）。但是，仅仅在2年之后，最高法院（大法庭）1964年11月18日判决（民集18卷9号1868頁）就进行了变更，认定为无效的超过限制部分的债务是不存在的，所以该支付并非清偿债务，而是在残存本金的情况下充当本金（多数意见为8人，反对意见为4人）。再之后，最高法院（大法庭）1968年11月13日判决（民集22卷12号2526頁）又认为，超过限制部分的利息充当本金后，本金清偿完毕的，由于本金债权已不存在，也就不存在发生利息、迟延损害金的可能性，所以本金消灭后支付的部分可以按照不当得利请求返还（多数意见为12人，反对意见为3人）。也就是说，判例最终发展到了只看《利息限制法》第1条第2款的字面表述难以得到正确结论的地步。此后，在相当长的时间里，由于该判例架空了《利息限制法》第1条第2款，因此上述2006年第115号法律（主要目的是导入了关于多重债务人对策的新规定）删除了该条款以及同样被架空的第4条第2款。

关于这个问题，解释论的问题是解释的边界到底在哪里。另外，作为实体问题，存在以下争论，对此法官的意见也是存在分歧的：是应当为了保护经济上的弱者——借款人，而朝着超过限制部分可以充当本金以及支持返还的方向进行解释；还是要考虑借款人未必是弱者，过度保护借款人就不会再有人愿做贷款人，结果就可能导致没有充足资产进行担保但需要资金的人难以得到资金，从而陷入金融闭塞的状况。所以，应当忠实地解释《利息限制法》的字面意思。这也是上述一系列判例变更的原因，由于法官构成的变化，导致多数方变化时就要变更判例，这也确实令人困扰。如果把上述三个最高法院判决的多数意见法官和反对意见法官的名字摘出来的话，就可以一目了然，没有一个法官改变了自己的观点。当初持多数意见的法官退休后，新任法官赞成当初作出反对意见的法官，多数意见和少数意见就发生了翻转。虽然新时代有新法官作出裁判也说得过去，但是暂且不论对变更后的判例内容的评价，对于在如此短时间内进行判例变更，还是有不少批评意见的。〔14〕 111

（3）具体的 A

在本问题开篇的判例变更时败诉当事人保护的问题中，A 可能是以下这类人：相信以上例子所说的“祸不单行的判决”，坚持反对丈夫提起的离婚请求，事实上，一直到高等法院阶段，胜诉的都是妻子；或者根据 1962 年判决，超过《利息限制法》规定的限制利息支付的部分不可以充当本 112

---

〔14〕 可以对比批判说的我妻栄「債務者は、任意に支払った制限超過利息の元本充当を主張しうる」ジュリスト314 号 10 頁〔1965〕，川井健「判例変更の限界」北大法学論集 17 巻 4 号 566 頁〔1967〕等，与法官之一的横田喜三郎教授的回顾（同『法律は弱者のために』）147 頁〔小学館，1981〕就能理解。特别是川井教授指出的以下宝贵意见：“即便是以前判决中持少数意见的法官，如果已经形成法律，其还要彻底贯彻自己的想法是否正当？这确实是个问题”（载北大法学論集 572 頁）。

金，还可以请求剩余本金以及利息的支付，事实上到高等法院阶段胜诉的还是1964年判决的债权人（贷款业者）。问题是如何保护这些人？“从你们开始就要适用新规则。”他们听到这句话又有何感受？总不能期待他们老老实实回一句：“哦，是这样啊。”

6. 刑事案件中的判例变更

刑事案件中的判例变更显然比民事案件更加复杂。如果根据先例是无罪，却在审理自己案件的过程中判例发生了变更，自己的行为变成了有罪，这肯定是难以接受的。

（1）违法性认识

一直相信此前的判例而采取相应的行为，就涉及刑法理论上的违法性认识可能性的问题。

《刑法》第38条第3款规定：“即便不知法律，也不能据此认为没有犯罪的故意，但可以视情节减轻刑罚。”而且根据判例，故意的成立不以违法性认识的存在为必要条件。[15]

113 确实不可否认，为了防止由于行为人以不知法为由逃避制裁，该条规定具有实际上的必要性。但是即便如此，在复杂化的社会中知晓所有的法律是困难的，受到处罚的人认为这是一场“无妄之灾”时，显然有损对法律秩序的信任。因

〔15〕 最高裁1950年11月28日判决（刑集4卷12号2463頁）。另外还可以参见最高裁1987年7月16日判决（刑集41卷5号237頁）。

此，学说上也有不少反对的意见。即因故意犯罪受到处罚是因为“当行为人面对自己行为产生的犯罪事实的认识之时，明明可以期待违法性认识的唤起，产生避免违法行为的良心抑制力，但是行为人故意压制这种认识，或者不曾唤起便决心为恶”〔16〕。那么，对于欠缺违法性认识存在相当理由的情况下，就不可以责难故意的形成。〔17〕据此，在相信已经确立的判例而采取行动的情况下，即便要变更判例，至少此前所为可能不存在故意或责任，从而应被认定为无罪。

（2）全农林警职法事件

刑事案件中变更判例的例子有全农林警职法事件。〔18〕该案件是工会的干部反对 1958 年向国会提出的《警察官职务执行法修正案》，在农林省职员的职场大会上，有《国家公务员法》禁止的争议“煽动”行为，根据《国家公务员法》第 110 条第 1 款第 17 项（争议行为的“煽动罪”）规定被起诉。此前，在类似的“煽动罪”的案件中，全司法仙台事件判决［最高法院（大法庭）1969 年 4 月 2 日判决（刑集 23 卷 5 号 685 頁）］将“煽动”限定为“争议行为中具有特别强的违法性”以及“特别是违法性较强的方法”，即

114

〔16〕藤木英雄『刑法講義総論』212 頁〔弘文堂，1975〕。

〔17〕参见团藤重光『刑法綱要総論』（第 3 版）317 頁〔創文社，1990〕；前田雅英『刑法総論講義』（第 6 版）169—170 頁〔東京大学出版会，2011〕；山口厚『刑法』（第 3 版）130 頁〔有斐閣，2015〕；井田良『入門刑法学・総論』（第 2 版）202 頁〔有斐閣、2018〕等。

〔18〕参见最高裁（大法庭）1973 年 4 月 25 日判决（刑集 27 卷 4 号 547 頁）。

“二重限制论”。在全农林警职法事件中，按照这种模糊的基准进行的限缩解释对于什么行为可以成为处罚对象是不明确的，因此法院认为该案件涉嫌违反要求处罚明确性的《宪法》第31条，不得不变更全司法仙台事件判决。[19]

这个判例变更与之前的全递东京中邮事件判决［最高法院（大法庭）1966年10月26日判决（刑集20卷8号901頁）］等一起，都是宪法、劳动法讲义中必然会提及的案件。具体可以在相关课程中学习[20]，与本部分内容相关的一点是，全司法仙台事件判决以后，检察厅撤回了之前以“煽动罪”提出公诉的众多案件。因此，因为仅仅4年后的判例变更，两个判决之间被问罪的人与在此前后被问罪的人之间的刑罚有着极大的差别，法律面前人人平等的原则受到了极大的损害。

115

7. 相信判例就够了吗

那么，下文将就开篇的问题阐述若干想法。

（1）法的发现与形成

过去认为，英国的法官不能创造法律，只是发现并适用

〔19〕 最高法院没有进行限缩解释，支持被告人有罪的高等法院判决，驳回上告。

〔20〕 参见芦部信喜『現代人権論』315頁〔有斐閣，1974〕；長谷部恭男『憲法』（第7版）298頁〔新世社，2018〕；安西文雄ほか『憲法学読本』（第3版）245頁（巻美矢紀）〔有斐閣，2018〕等。

法律。法官就像传达神的意志的“巫女”一样，只是传达完美无缺的法律。[21] 以此观点为前提，变更判例的案件中法院只是适用了正确的法律，而且变更前的判例存在适用法律错误的问题。如此，真正的问题不是变更判例时对当事人的保护，而是对过去因为错误的判决而遭受不利益的人的保护。

实际上，美国也有案件就此问题产生了争论。在这起案件中，由于美国联邦最高法院变更了判例，并提出因违法程序而扣押的证物不能作为刑事程序中的证据使用，故在此之前因违法收集证据而被判处有罪并在狱中服役的人请求释放。这是一起人身保护请求事件。一名叫 Linkletter 的囚犯以抢劫为业，1960 年 3 月，基于在某次没有令状的违法搜查扣押中发现的证据而被判有罪。美国联邦最高法院于 1961 年 5 月最初判决提出违法证据排除规则。[22] 因此，Linkletter 以采用违法收集的证据存在问题为由请求释放。案件最终到了最高法院，但结果还是驳回了释放的请求。[23] 从本问题设问的角度来看，一言以概之，1960 年判决并不是发现了一直适用的法律。[24]

116

现在即便是在英国，法官发现法律的观点并没有过时。发

---

〔21〕 参见田中英夫『法形成過程』71 頁〔東京大学出版会，1987〕。

〔22〕 Mapp v. Ohio, 367 U. S. 643 (1961) . 详见井上正仁『刑事訴訟における証拠排除』81 頁以下〔弘文堂，1975〕。

〔23〕 Linkletter v. Walker, 381 U. S. 618 (1965) .

〔24〕 参见松尾浩也「刑事法における判例とは何か」法学セミナー 1978 年 6 月号 12 頁（同『刑事訴訟法講演集』324 頁〔有斐閣，2004〕），田中英夫『実定法学入門』(第 3 版)〔東京大学出版会，1974〕；Y. Noda, Introduction to Japanese Law〔Univ. of Tokyo Press, 1976〕。

现法律的构想本来就来源于中世纪以来完美无瑕的普通法裁判的想法。[25] 日本并没有如此理解法律的传统，也不存在这种构想，而认为法律是"朝廷的裁判"。在现在的司法制度下，法院的判断本身就是在案件中适用的法律，这是共同的前提。

（2）只信判例是不够的

但是，这与判例对之后裁判产生的拘束力是两个问题。法院具有创造法律的机能，对个别案件的判决是对已经制定的法律的适用，但并不能说可以超越该案件而对此后的裁判产生拘束力。而且，如前文第三部分所述，判例的拘束力不过是"事实上"的事物，且强调这一点也就意味着相信过去的判例这一做法并不值得保护。判例是可能变更的，绝对化地相信判例是不可靠的，也没有必要进行救济。

117 这也是对"还能相信判例吗"的一个回答。

8. 判例的不溯及性变更

（1）与修改法律时的措施的对比

然而，虽说具备事实上的拘束力，但实际上判例几乎被等同于法律对待，所以相信判例也不能说是糊涂事。

如果说判例是类似于法律的事物的话，那么变更判例对应的大概就是修改法律了。修改法律时涉及刑罚规定的，根据

---

〔25〕 参见田中英夫『法形成過程』71頁〔東京大学出版会，1987〕。

《宪法》第39条的规定，不能因为修改就对“实行当时的合法行为”科以刑事责任，但是民事法上不存在宪法上的制约。因此，在民事法修改时，作为政策问题，需要结合修改法的溯及适用的必要性与既得利益保护的必要性进行谨慎探讨。但是，作为最低的保护限度，有必要照顾到此前遵守法律的行为不受损害。另外，法律修改往往通过国会等公共机构进行，有必要根据情况设置让民众知晓的从公布到实施的一定期间。

与此相对，判例变更是对具体案件进行的判断，是突然发生的。因此，为了保护判例变更时当事人的权利，向来存在“判例的不溯及性变更原则”（prospective overruling）。在法院认定过去判例的立场不恰当，但变更判例又可能侵害法的安定性的情况下，虽然要变更判例，但是判决中应当表明新判例的立场不适用于判决时间点以前的行为。美国实际上也就是这样判决的，更进一步，就像修改法律明确实施日期一样，还有新判例中直接表明变更判例经过一段期间后才可以适用。〔26〕 118

那么，在日本这种判例变更的方法是否可行呢？田中教授认为，日本也应该采纳不溯及性变更的观点。具体来说，前文第六部分例举的全农林警职法事件判决的变更判例不应该适用于变更对象的全司法仙台事件判决1969年4月2

〔26〕 参见田中英夫『法形成過程』32、69頁〔東京大学出版会，1987〕。此书例举了多个美国事例，但是与这部分主题一致的仅指“纯粹型不溯及变更”。

日以后至1973年4月25日之间的行为。[27]

（2）情况判决

一方面，从罪刑法定的角度出发，以上述《宪法》第39 119 条为根据，有意见认为在刑事案件中判例可以不溯及性地变更。[28] 最高法院1996年11月18日判决（刑集50卷10号745頁）认为，被告人的行为遵照当时最高法院判例作出的法律解释应当该是无罪的，即便如此，对此进行处罚并不违反《宪法》第39条。另外，这也被称为“纯粹将来效力判决”[29]。

另一方面，保护民事案件中的败诉当事人并不能依据《宪法》第39条，所以作为一般性讨论，更具参考意义的是选举无效请求事件中最高法院的“情况判决”[30]。

在1972年举行的众议院议员选举中，有人以选区内每名议员代表的选民人数有最大4.99倍的差距请求确认选举无效*，对此最高法院按照法律面前人人平等的《宪法》第14条，认为在1972年当时，在立法院受托的合理期间内没有进

---

〔27〕 参见田中英夫「全農林刑警職法事件における判例変更をめぐる諸問題」ジュリスト536号60頁〔1973〕。

〔28〕 参见中山研一「判例変更と遡及処罰の問題」判例評論482号（判例時報1664号）2頁以下〔1999〕、同「判例変更と遡及処罰の問題（続）」判例評論519号（判例時報1776号）7頁以下〔2002〕。

〔29〕 長谷部恭男『憲法』（第7版）443頁〔新世社，2018〕。

〔30〕 最高裁（大法庭）1976年4月14日判决（民集30卷3号223頁）。

* 日本选举中存在“一票的差别”问题。比如，A地区100人，B地区50人。如果A、B地区各选一个议员的话，那么A地区50票才能当选，B地区只要25票。也就是说，“一票的差别”意味着有权投票的人一票的价值和重要性是不一样的，这存在不平等的问题。——译者注

行修改的定额分配规定应该说属于违宪状态。但是，选举无效将使得选举出的议员失去资格，那么定额分配规定的修改将无法开展。因此，根据裁判应当避免不当结果的“法的基本原则”（《行政事件诉讼法》第 31 条第 1 款背后的一般法理），也就得出本案选举是违法的，但并不能说选举本身是无效的。[31]

当然，这个“情况判决”的状况与这里的问题状况有所不同。但问题的关键是，日本只要提出裁判应当避免不当结果的所谓“法的基本原则”，灵活裁判便有了可能，通过变更判例保护遭受不利益的当事人也就有了可能。具体来说，判例应当变更，但是如此裁判可能颠覆相信过去判例而采取的行动，可能存在不利于社会稳定的弊端。因此，可以考虑明确宣布，包含该案件在内，过去判例下的案件按照过去的判例裁判，今后的遵照新的判例进行裁判。

9. 损失补偿的构想

120

（1）《宪法》第 29 条第 3 款

上述不溯及性变更判例的“情况判决”在刑事案件中可

---

〔31〕关于本判决，参见ジュリスト617 号〔1976〕特集等，田中英夫『法形成過程』3 頁〔東京大学出版会，1987〕。

能并无阻碍[32]，但是在民事案件中会产生另一方面的麻烦，即好不容易判例进行了变更，按照新判例获胜的当事人却败诉了。

因此，在民事案件中，还是应当维持B获胜的结论，败诉当事人A以其他方式获得救济。可能性之一便是《宪法》第29条第3款规定的方法，即“私有财产在正当补偿的前提下可以收归公用”。

（2）接种预防疫苗灾难事件

《宪法》第29条第3款通常适用于下列情形：在为缓和交通堵塞需要拓宽道路的情况下，向沿线居民支付正当的补偿金，要求其腾退。但是，也有与过去通常情形不同的判例认定应当根据该条给予国家赔偿。

这就是东京地方法院1984年5月18日判决（判例時報1118号28頁）。该案中，因接种预防疫苗死亡或致残的受害人根据《宪法》第29条第3款的规定就其受到的损害请求国家予以正当补偿。东京地方法院认为，国家通过强制国民接种预防疫苗，或者在地方政府的行政指导下推荐国民接种预防疫苗，将推动一般国民预防传染疾病的发生及蔓延，从而享受到公共卫生服务水平提高带来的益处。但同时，在受害人因接种预防病苗而导致死亡、残疾等显著超出其应当忍受的不利益限

121

〔32〕 当然，从《宪法》第39条的精神出发，应当限定在依据此前的判例是无罪的人变成有罪的判例变更，相反的判例变更的情况下，应当直接判定被告人无罪。

度，不得不作出牺牲的情况下，根据《宪法》第 29 条第 3 款进行的损失补偿，不仅适用于财产上有特别牺牲的场合，还可以类推适用于生命、身体付出特别牺牲的情况。

※另外，这种判断的背景是，适用国家赔偿要求证明国家一方存在过失，在此类事件中，过失的认定是存在困难的。[33] 但是，此后东京高等法院 1992 年 12 月 18 日判决（判例時報 1445 号 3 頁）[34] 认为，接种预防疫苗受害是法律不允许的对生命健康法益的侵害，所以不应支持以规定财产权合法侵害补偿的《宪法》第 29 条第 3 款为根据的损失补偿。在此基础上，认定国家一方存在过失，按照《国家赔偿法》进行救济。此后，国家一方放弃了上告，向日本各地提起诉讼的受害人（合计 2900 人）支付了约 1000 亿日元。

（3）为了公共利益而特别牺牲的 A 122

如果可以像东京地方法院判决一样，适用《宪法》第 29 条第 3 款的话，那么判例变更时给予败诉当事人以国家补偿的想法可能是解决方式之一。

就像前文第五部分例举的有责配偶提起的离婚请求的判例变更一样，随着时代变化，可能不得不进行判例变更。因

---

〔33〕 关于本判决参见塩野宏「賠償と補償の谷間」塩野宏＝原田尚彦『行政法散歩』209 頁〔有斐閣，1985〕，原田尚彦・昭和 59 年度重要判例解説 49 頁，中山茂樹・憲法判例百選Ⅰ（第 5 版）230 頁〔2007〕。

〔34〕 参见小幡純子「予防接種禍集団訴訟東京高裁判決」法律教室 151 号 110 頁〔1993〕，宇賀克也・平成 4 年度重要判例解説 54 頁，滝沢正・判例評論 415 号（判例時報 1461 号）12 頁。

此，无论是谁也不明确地了解这一点，在判例作出很早以前，法律就可能发生了变化。但是，作为裁判制度的内在机制，并不存在事前的“公布”（前文已述，这与立法存在重大差异）。在这种机制中，判例变更时的败诉当事人通过自己的案件获得了让最高法院变更判例的机会，结果一般国民就此便知晓了作为事实上法律的新判例了。也就是说，为了变更判例这种公共目的，作为国家机关的法院利用了败诉当事人的时间、劳力、诉讼费用等财产。开篇问题中的A可以说是“公共利益的特别牺牲者”。

如此理解的话，由于没有预料到会变更判例，因而浪费支出的费用应当全部由国家进行补偿。关于应当补偿的费用的内容，有意见认为不仅包括与裁判直接相关的费用，还包括以过去判例为前提行事，因判例变更遭受的所有损害，但是这种意见显然过头了。一般来说，即便是法律修改的情况，比如由于税法上优待 one room 投资，以此为前提进行投资，但因社会经济形势发生了变化，取消了
123
税法上的优惠而使行为人难以获得预期的利益，谁也不会认为这是国家补偿的对象吧？要成为国家补偿的对象必须是“为了公共利益的特别牺牲”。因此，A应当受到的补偿是引发变更判例而遭受的直接损失，即仅限于为了裁判的诸多费用的补偿。

以上是笔者粗浅的结论，即在民事案件中，不是采用不溯及性变更的原则，而是采用《宪法》第29条第3款的补

偿方法更为妥当。

※　　※　　※

总而言之，A 是可怜的，作为实现正义的司法制度，为了维持对制度的信赖以及守护法律秩序，不应该无故给 A 造成损失。希望各位灵活思考这个重要且未解决的判例变更时当事人的保护问题，寻找更加完美的处理方案。

09

问题9 **房东的不满**

QUESTION

126

出自电影《女税务官 2》[*] （剧本、导演：伊丹十三）（1988年）：

（一家名为“日出食堂”的小快餐店，挂着“中华荞麦面”的卷帘和“拉面”的旗子）

（在店内，地痞在土间[**]，店主在房间，两人面对面站着）

店主：我这个店啊，是我家老头子和爷爷辛苦造起来的哦。我在这里出生，在这里长大。我不打算卖给任何人。

地痞：求求你了老板。你卖房子我们特别再出8亿日元哦。在世田谷买宅基地6亿日元，新造房子1.5亿日元，还能给你5000万日元小费呢。这是我们能让步的最大限度了。但是，这是特别给你的出价，千万别告诉别人。知道了吧老板（跪了下来）。就算帮帮我了，求求你了。

---

* 日文名为“マルサの女 2”。——译者注

** 土间：在日本传统房屋的室内空间里，自古以来就有支撑柱子的高架式地板的部分，以及土间的部分这两个对等的空间，将这两者结合在一起便是传统建筑的基本型态。传统上，土间作为营生活动的作业空间，是工作场所，所以相当宽敞。——译者注

店主：（走下土间，想让跪着的地痞站起来）等等，等等，请等一下，喂，请不要这样。别给我开玩笑，起来，喂，不要这样，不要这样，你这家伙，你这混蛋，你……（放弃让地痞起来，一边回到座位上）不是钱的问题，请你们适可而止吧，真的。

（地痞迈步追上回到座位上的店主，扑过去相互推搡起来）

地痞：（一边揪住店主的前襟）……这是借地借家*呀，你们不过是租借这里的。《借地借家法》这个恶法，地主将这土地10亿日元卖了，可怜的是，地主只能拿到2亿日元，那剩下8亿日元去哪儿了？全部给了你这边。8亿日元要是付地租、房租，20万日元一个月的话，可以租333年了。而且在世田谷造个房子，是免税的。报纸、电视都在说，三代传承的大众食堂成了开发商的牺牲品。牺牲啥啦，幼稚。喂，我说，你们过去三代租借了这里的土地做生意，也赚了不少吧。你们是不是有点忘恩了，你们真是日本人的耻辱。谁允许你们这么干的，反正我不允许，彻底不允许……

地痞头头：（拍拍一直在说的地痞的肩膀），好了好了，等一下……（以下，略）。

127

* 类似于租地租房。——译者注

这是20世纪80年代后期泡沫经济最顶峰时的所谓“土地开发”的一个场景。为了土地再开发，房东（以下简称“出租人”）雇用地痞，请求店铺（以下简称“承租人”）退租。但是即便出租人自己想要住那个房屋，也不能简单地赶走承租人。这是因为上述对话中出现的《借地借家法》(准确的说法是《借地法》与《借家法》）优待保护承租人。

以下为了讨论问题的简单化，设定为出租人在自己的土地上建造了房屋，并将其租赁给他人，即从承租人的一方来看，纯粹是租赁房屋的情况。1991年《借家法》修改之前的规定如下：

第1条之2 房屋的出租人有必要**自己使用的或者存在其他正当事由的**，可以拒绝租赁合同的更新或者申请解除合同。(重点由笔者加粗)

直接读本条内容，可以进行如下解释（关键是对加粗部分的解释)。即出租人出租房屋的，合同期限到来时，拒绝更新租赁合同或者一般可以解除合同的，只有是自己有必要使用该房屋或者即便不是如此也有其他正当事由的情况。也就是说，既然法条明确规定“自己有必要使用”为正常事由之一，那么就可以将其解释为当自己有必要使用时，可当然地拒绝租赁合同的更新或者申请解除合同。事实上，立法初期也是这样解释的。

但是，此后判例上确立的解释却是另一回事了。即判例解释认为，即便是出租人有必要自己使用的情况，仅仅以此为理由还不足以构成正当事由，还需要对比出租人自己使用的必要性程度与承租人使用该房屋的必要性程度。只有前者程度较高的情况下才构成正当事由。据此，上述土地开发案件中，承租人是植根于该房屋所在地区做买卖的人，离开此地生意将很难继续，出租人一方趁着土地价格的高涨转卖该土地，从而大赚一笔。因此，法院不太可能支持出租人提出的土地房屋返还请求权（即便是出租人自己要居住于此，也是困难的）。

问题是，如判例这般解释该条文是不是过头了？解释的边界又在哪里？即使允许这般解释，法院又为何采纳这般解释？这般解释到底保护了什么利益，反过来说又侵害了什么利益？另外，如判例这般解释到底是否妥当？

※　※　※

不要往下读，先自己思考一下这些问题。

1. 法律解释的应有之义

写出来的语句，往往会脱离书写人的意思，读者各有各的解释。在宗教的世界里，围绕一个圣典的解释就会分化出很多宗派，有时甚至对立到战争的地步。法律世界也是由语言构成秩序的，所以法律解释也是最重要的课题之一。

这里只涉及这个大问题的一部分。下文以明治时期以后日本民事法（民法、借地借家法等规定私人间权利义务关系的法律）的解释问题为中心展开，这一问题即使到了现在仍是热点。[1]

（1）概念法学及其批判

1898年《民法》实施后一段时间，参加了民法编纂工作的学者开展了说明每个条文含义的相关工作。这个时期的解释方法论本身也是非常有意思的，但是从对今后产生巨大影响的角度看，此后受到德国法学影响而展开的“概念法学解释论”至关重要。该观点以下述理解为前提，即世界上任何现象都可以从法典中的某个条文找到统一的答案。以此为前提开展的解释工作中，重要的是将法典作为一个完全且没有矛盾的理论体系（封闭的理论体系）进行解释。而且在具体案件中，法律适用可以通过下述三段论的方法予以说明：首先应当抽象地确定理论体系中条文的含义，以这种确定的“要件→效果”为前提（大前提），当案件事实符合这种“要件”的情况（小前提），就应当将大前提中的“效果”适用于该案件。

130

〔1〕 对过去讨论的极好的总结，可以参见瀬川信久「民法の解釈」星野英一編『民法講座』別巻（1）1頁〔有斐閣，1990〕。另外，还有一篇更短的与其他学者讨论的通俗易懂的文献，同「民法の解釈の方法」法律時報61巻2号7頁〔1989〕。

对这种重视理论的概念法学倾向，首先提出批判的是大正末年至昭和初年的末弘教授（1888—1951）。末弘教授认为，不应该从抽象论出发进行演绎性思考，而应该从具体的案件中进行归纳式思考，对于法律所设定的定型化社会关系，这种概念法学尚能应对，但对于法律没有预想到的现象，应当正面承认法官可以发挥创造法律的作用。但是，此时的法律解释（法律适用）的实质内容又是什么？对于这个问题，末弘教授认为只能信赖法官，作为形式上的基准，同样的案情得到同样的对待，这样才是公平的（因此，受到上位的法律规范以及先例的拘束），也就提到这一步为止了。[2] 无论如何，至此开始强调法律解释论中的具体妥当性的确保问题了。

进一步推进探讨的是我妻教授（1897—1973）。我妻教授认为，如明治民法的理论体系适用于此后的全新社会现象，会产生很多与现实价值判断不同的结果。以此认识为前提，我妻教授将法律判断过程分为两个阶段，在第一阶段中开展实质的法律解释。也就是说，在第一阶段的价值判断过程中，考察社会理想的发展方向、法律解释与经济现实的相互作用以及其他所有的社会因素，再决定妥善的解决。在此基础上开展第二阶段，为了确保法律的客观性，可以按照

〔2〕 参见末弘嚴太郎『法学入門』119頁〔日本評論社，1934〕。

三段论的方法逐步得出结论。[3]

(2) 脱离条文的自由解释

如上所述，到了“我妻法学”，日本的民法解释获得了脱离条文文字的相当程度的自由。换言之，在“末弘法学”之前，学界主流观点认为既然存在实体法的规定，那么在其本来的适用范围内，法律适用当然受到条文的拘束。与此相对，“我妻法学”中首先不看条文，而是摸索现时妥当的解决方式，在进行实质判断之后，在说明阶段再以合乎条理的形式来看条文用语。我妻教授自身已经作了阐述，三段论方法的说明是给妥当的结论穿上法律的外衣，通过作为大前提的法律规定和作为小前提的具体事实认定的操作，大体能说明相关结论。[4]

132 第二次世界大战后，在学说和判例中，这种法律解释未必受到法律条文的拘束，而是强调通过价值判断的形式进行解释的倾向逐渐强化。[5] 而且来栖教授（1912—1988）将此论断更进一步，断言法律存在多种解释的可能性，其中选择哪种解释取决于自己的主观价值判断。[6]

---

〔3〕 如果三段论不能够说明就必须重新考虑结论。参见我妻栄『近代法における債権の優越的地位』475頁〔有斐閣，1953〕。这部分初出于同「私法の方法論に関する一考察（1）～（3. 完）」法学協会雑誌44巻6号、7号、10号〔1926〕。

〔4〕 其实，为了保证法律的客观性，换言之，为了抑制恣意解释导致个人权利受到侵害、法的安定性受到破坏，条文的用语应该具有一定的拘束力。

〔5〕 其理由之一是，战争导致价值观激变，法律规范，特别是战前就存在的法律规范的内容的正统性的国民信任受到了极大的损害。

〔6〕 参见来栖三郎「法の解釈と法律家」私法11号16頁〔1954〕。

相当程度忽视条文的文字进行解释的判例，比如过去关于《利息限制法》第 1 条第 2 款的最高法院（大法庭）1968 年 11 月 13 日判决（民集 22 卷 12 号 2526 頁）就是典型。该判决认同第 1 条第 1 款规定的约定支付一定利率以上的合同“超过部分无效”的规定，但是对于该条第 2 款“债务人自愿支付前款规定的超过部分的，不适用前款规定，不可请求返还利息”的解释成了争点。在案件中，自愿持续支付超过限制利息的债务人是否可以请求返还，这就是标准的条文所规定的情形，但是最高法院认为超过限制部分是无效的，该部分的债务并不存在，故而对该部分的支付不发生清偿的效力。因此，首先可以冲抵剩余本金〔7〕，进而，在冲抵后本金变成零的情况下，“本金债权都不存在时，也就没有产生利息、损害金的可能性了”。以此为理由，本金清零后支付的额度构成不当得利，可以请求返还。这种解释首先包含了保护作为社会弱者的债务人的价值判断，可以以没有本金就没有利息的理由来说明其结论。〔8〕

133

另外，上文讨论的修改前的《借家法》第 1 条之 2 的解释也是不拘泥于条文文字进行解释的例子。

（3）利益衡量论及其批判

上述观点认为，对于可能同时成立的几种法律解释，并

〔7〕 如最高裁（大法廷）1964 年 11 月 18 日判决（民集 18 卷 9 号 1868 頁）中的判断。

〔8〕 关于该价值判断的妥当性，尚有讨论的余地。参见本书问题 8 的第五部分。

不存在客观的基准能决定哪种解释是正确的。对于这种观点，当然存在不同意见。[9] 但是，主流观点还是认为，虽然法律解释中并不存在所谓客观的“正确性”[10]，但是如何将自己的价值判断变得有说服力是非常重要的，并应沿着如何实现的方向不断前进。

这就是所谓利益衡量论（利益考量论）的立场。即在关联诸多利益中哪些利益应当优先，这个问题的解答是重要的。[11] 与此相对，批判说认为，决定利益衡量的因素并不明确，而“议论的正当化”才是重要的。[12] 这种法律解释论的争论估计今后还会继续。[13]

134

以上简单介绍了民事法律解释论的相关讨论的展开。关于解释论的详细内容，各位可以找来文中引用文献自己学习。总之，日本民事法学中的法律解释论确实认为，条文的文字并不

〔9〕 按照渡边洋三教授（1921—2006）的观点，最“正确”的解释应该展示科学的证据，并沿着全体国民的意思和历史的发展方向进行解释，参见『法社会学と法解釈学』〔岩波書店，1959〕。

〔10〕 后述星野教授肯定了价值判断的客观性。

〔11〕 两者并不相同，可以参见加藤一郎「法解釈における論理と利益衡量」岩波講座『現代法』15〔1966〕；星野英一「民法解釈論序説」同『民法論集』1巻〔有斐閣，1970〕。

〔12〕 参见平井宜雄「法律学基礎論覚書（1）·（9. 完）」ジュリスト916号-928号（1988—1989）。

〔13〕 参见ミニ・シンポジウム「法解釈論と法学教育」ジュリスト940号14頁以下〔1989〕；特集「法社会学的法律学の可能性」ジュリスト1010号11頁以下〔1992〕；樫村志郎「議論による法律学の基礎づけは成功したか?」神戸法学年報8号1頁〔1993〕；山下純司ほか『法解釈入門』（補訂版）〔有斐閣，2018〕等。

是唯一绝对性的。[14] 关于这点，比如在判例法国家，具有特别重视制定法的情形，因此英美法系国家特别倾向于按照条文文字的文理进行解释，这点与日本具有较大差异。

在裁判中我们当然明白不能忽略现实中产生的不合时宜之处。但是，笔者认为，正确的态度应当明确区分法律的制定与法律的解释，解释时应当稍微重视一下法条，对于不合时宜的部分通过法律修改加以完善。不可忽视的是，如采取所谓“实质论”解释法律，往往会将法律内容变得不透明，结果无谓地加大社会成本。[15] 确保规则的透明性本来就有自身的价值。确实，日本并没有机动性修改法律的传统事实，但是法律解释中“照顾周全”的优点（实质性地修改法律）相反带来了立法滞后的恶性循环。

135

（4）刑事法的解释

这里再来说说刑事法解释的若干问题。刑事法中存在罪刑法定主义[16]，不允许对行为人进行类推解释，所以与民事法相比，刑事法法条文字的拘束力更强。比如《道路交通法》第31条规定：“车辆**行至**因乘客上下车而正在停车的路面电车正后方**时**……必须在该路面电车的后方停车”（重点

〔14〕 另可参见星野英一「条文の意義とその読み方」同『民法のもう一つの学ぶ方』（補訂版）43頁、特に60頁以下〔有斐閣，2006〕。

〔15〕 后述《借地借家法》的解释也陷入了不看终审判决便难以理解具体结论的状况。

〔16〕 即行为时如没有成文规定该行为将被认定为犯罪而应受到处罚的，便不可进行处罚。参见《宪法》第31条等。

为笔者标识）。有裁判如此解释该条文："根据该条的字面意思，其指的是行进中的车辆到达停车中的路面电车后方非常近的距离时，在路面电车停车的这个时间点上，已经超过后端线的车辆，即便已经超过下车门口处，也不应该成为本条的对象。"〔17〕法院认为，该条的立法宗旨明显是为了促进乘客上下车的安全、方便，因此强调相关立法宗旨，对于在上述时间点即便已经超越后端线但尚在下车门口处的车辆，虽然有观点认为应该是该条的对象，但应当严格按照刑法规定进行严格解释，因此判定被告人，即路面电车停车时已超越后端线的车辆司机无罪。

但是，即便是刑法规定，也有案例进行了相当宽松的解释。比如，有个很久以前的例子，在盗窃电力的案件中，规定盗窃罪的条文中用的文字是"人的所有物"（旧《刑法》第366条），作为字面解释，判例认为应当依据"可移动性"以及"管理可能性"的有无作为区分是否是"物"的标准，因此将电力也认为是"物"。〔18〕

136

虽然目前已经难觅踪迹，但是过去曾普遍使用电话卡，在那个年代就有如下案例。有人通过增加额度的方式变造电话卡，并将其销售，结果其以"变造有价证券交付罪"

---

〔17〕 札幌高裁函館支部1963年5月6日判决高裁（刑集18卷3号158頁）。

〔18〕 参见大审院1903年5月21日判决（刑録9輯874頁）。当然这种解释还是有点勉强了，所以此后通过立法解决了（《刑法》第245条）。另参见平野龍一『刑法の基礎』227頁〔東京大学出版会，1966〕。

(《刑法》第163条）被起诉。对于此案，下级法院存在观点对立〔19〕，最高法院则通过如下解释认定该罪名成立。〔20〕最高法院认为有价证券是在证券上标识的财产权利，且该权利行使以占有该证券为前提。电话卡是通过电磁信息记录了一部分权利内容（特别是剩余通话额度）的系统，虽然券面上没有记载，但是插卡式公共电话机就能显示余额。因此，如果将其与卡片上印刷的部分一起看待的话，就符合有价证券的条件。〔21〕

此外，还有个背景是，1987年日本修改了刑法的部分条文，对于电话卡的变造行为本身以及使用本身，新设了“制作含有不当指令的电磁记录罪”（《刑法》第161条之2第1款）以及“不正当制作和提供电磁记录罪”（《刑法》第161条之2第3款）的处罚规定。但是，修法没有新设关于作为中间行为的变造电话卡交付的规定。也就是说，通常在变造电话卡的专业人士与现实打电话的人之间存在“经纪人”，修法遗忘了“经纪人”的处罚规定。对于通过解释弥补这种立法上的遗漏的做法是否合适，尚存疑虑。〔22〕此后，2001年的刑法

137

〔19〕有裁判否定了电话卡的有价证券性质而认定无罪，比如千叶地裁1989年11月2日判决（判例時報1332号150頁）。

〔20〕参见最高裁1991年4月5日判决（刑集45卷4号171頁）。

〔21〕对于这种解释的批判性意见，参见山口厚「テレホンカードと有価証券変造」ジュリスト951号52頁以下〔1990〕等。此外，还有不少其他问题，比如是否可以称得上是“变造”，是否真的存在“使用的目的”等，在这里就不展开了。

〔22〕即便是上述最高法院决定也可能存在难以处罚未使用的电话卡的情形，这是说不过去的，因此在补充意见中提出有必要重新审视相关立法。

修正案中，对于构成含有不当指令电磁记录的支付卡的，除了不当制作、不当使用的人，还将转让方等也列入处罚对象的范围。

如上所述，日本即便是刑事法的解释，也在法律解释名义之下，考虑了立法瑕疵的情况[23]，更何况民事法的解释。

2.《借家法》的变迁

上文略嫌啰唆地介绍了一些关于法律解释的讨论，以此为前提，下文具体来看看《借家法》。首先，以开篇问题中房屋租赁合同拒绝更新为中心，来看看日本《借家法》的立法以及修改过程。

(1) 作为《民法》特别法而制定的《借家法》

《借家法》是1921年与《借地法》同时制定的一部法律，对于房屋的租赁，这部法律在一定的限度内修改了《民法》第601条以下的关于租赁的规定（相对于一般法的《民法》，是特别法）。

与其他合同一样，在支撑近代经济社会原则之一的“契约自由原则”之下，民法中租赁合同的缔结也是私人自由，对于合同没有约定的，民法的规定可以发挥作用。因此，合同没有约定租赁期间的，适用《民法》第617条第1

---

[23] 关于刑法判例的解释，参见井田良『入門刑法学・総論』67頁（有斐閣、2018）。

款："各当事人可以随时提出解约请求。"提出解约申请的，从该时间点起标的物为建筑物的经过3个月（标的物是土地的经过1年），合同终止。仅仅如此便对出租人有利了，还可以通过合同约定对出租人更有利的条款。

但是，暂且不论一般动产借出借入，为了生活、事业而租赁房屋的，这种规则对出租人有利，一般来说，对于作为经济上的弱者的承租人，会使其陷入不安定的状态，从社会政策层面来说是不太友好的，因此制定了《借家法》。制定当时的《借家法》只有8个条文，对于这里的合同解除、更新的问题，仅规定解约必须在6个月之前提出，如果约定6个月以内的，视为无约定（第3条）。期间届满后，承租人继续使用且出租人没有立即表达异议的，视为与上一个租赁相同的条件进行更新（第2条）。总而言之，重要的是与这些规定相反的特别约定如果对承租人不利，则视为没有特别约定（第6条，对契约自由原则的限制）。

139

（2）1941年的修改

1941年12月，日美太平洋战争爆发，日本对《借地法》与《借家法》进行了修改。随着战争的推进，要求借地借家关系更加稳固（在此两年以前的1939年，日本制定了《地租房租管制令》）。关于合同解除、更新必须存在"正当事由"的规定，就是修法时新设于第1条和第2条之间的细分项。[24]

在制定法律当时，“有必要自己使用”是正当事由之一，也就是说如果自己使用的话就可以拒绝更新或者请求解约。[25] 事实上，在国会审议时也是如此说明的。[26] 另外，在司法裁判上也是按照这样解释的。[27] 但是，没过多久，另一种解释就成了“无可置疑”的解释了。[28]

(3) 第二次世界大战后围绕“正当事由”的判例展开讨论

第二次世界大战后，由于空袭导致城市房屋的绝对数量显著不足，而从中国、朝鲜半岛等处回来的人口激增，房屋租赁的环境极其恶劣。典型的例子是，第二次世界大战前在外国工作的人将自己的房子出租给他人，回流后要求承租人交还房屋。由于房屋绝对性不足，如果按照《借家法》第1条之2的文理进行解释，自己使用肯定是正当事由，可以要求交还，那么被赶出的承租人就只能露宿街头了。

140

因此，这种文理解释“在当前情势下，显著违反衡平观

---

〔24〕 除此之外，“约定租赁期间不足6个月的”视为没有约定的规定修改为“约定租赁期间不足1年的”。

〔25〕 关于立法当时的用语，参见星野英一『借地・借家法』510頁〔有斐閣，1969〕。

〔26〕 根据第76届帝国议会贵族院速记记录13号第124页政府方的说明：“当然，‘正当的事由’的解释中当然包括‘自己有必要使用的情况’。”

〔27〕 参见大审院1943年2月12日判决（民集22卷57頁）。关于该案件的评论，参见後藤清・民商法雜誌18卷3号294頁〔1943〕；吾妻光俊・判例民事法昭和18年度18頁。

〔28〕 后载东京地裁1947年7月11日判决。

念，这一点毋庸置疑。不得不说的是，即便是存在自己使用的必要性，结果上也必须受到正当性概念的约束”〔29〕，“在自己有必要使用的情况下，其必要性并不仅仅是主观存在，还要综合考虑租赁双方就所争论房屋的利害关系以及其他因素，只有从一般观念上认为出租人确实有必要自己使用的情况下才可以认定符合‘正当事由’”〔30〕。而且，具体操作上，相当多的案件往往倾向于保护现实居住的承租人的利益，即便出租人一方比较窘迫，法院也可能判决“共同使用”，也就是将一栋房屋的房间划分给承租人和出租人，厨房、卫生间共同使用。对于比较狭窄的房屋，虽然当事人难以圆满地同居使用，但是既然房屋不足，这也是没有办法的判决。

141

（4）合租的出租人与雇有女仆的房屋承租人

但是，判例中也出现了如最高法院1951年6月16日判决（民集4卷6号227頁），被认为过于保护承租人的案例。该案件的案情如下：

自1937年以来，被告Y从诉外人A处承租了神户市生田区的两层洋房（两层共计约157平方米）以及平房（约19平方米）（合在一起，简称“本案房屋”），作为居住以及事务所使用。Y是匈牙利人，是荷兰一家大型贸易公司的日本代表，其公司年销售额在数百万美元以上，在业界小有名

〔29〕东京地裁1947年7月11日判决。

〔30〕东京地裁1946年5月5日判决，上述内容引自上告理由。

气。Y 夫妇 2 人，让除此之外的仆人兼厨师诉外人 B 与其亲属 5 人居住在一楼的一室以及平房。

原告 X 是在驻军酒吧工作的白俄罗斯人，1947 年 6 月，其从 A 处购得本案房屋并取得房东地位，立刻就通知 Y 申请解除租赁合同。由于 Y 拒绝了请求，所以 X 以 Y 为被告提出本诉讼，要求 Y 返还本案房屋。

X 在第二次世界大战后没有自己的房屋，借住在朋友一间房屋内，被要求腾出房屋，而且其从上海接回了女儿，因此其主张是为了自己居住才购入本案房屋。对此，Y 提出，X 于 1948 年 2 月曾将自己所持有的空屋出售，其没有自己居住的切实必要性，即便是为了自用，Y 主张自己并没有其他合适居住的房屋。

一审的神户地方法院判决，Y 向 X 交付两层房屋中楼下食堂对面的事务所的一间房屋，而且厨房、厕所、玄关以及走廊必须共同使用（共同居住判决）。

142

对此，双方都提出了上诉。

二审的大阪高等法院认为："在考虑是否符合《借家法》第 1 条之 2 中所谓正当事由时，在住宅显著不足尚未缓解的当下，知道他人尚居住在租赁房屋而购买该房屋的人，即便是自己有必要使用，只要不存在即使返还房屋对承租人来说也不残酷等特别情况，不能构成正当事由。"在此一般论的基础上，大阪高等法院撤销了部分原判决，判定应当全面驳回 X 的请求。其理由为，X 虽然被要求腾退房屋，但至少租了一个房间，而从 Y 的社会地位来看，标的房屋的使用不存在不当闲置，也没有其他适当房屋。另外，考虑到国籍、习惯、教养程度等因素，而且考虑到围绕标的房屋在感情上已经极其对立，让 X 和 Y 共同居住将使其遭受高于常人的痛苦。综合考虑以上因素，本案中解除合同的申请不存在正当事由。

X 上告。上告理由的要点是，尽管依据《借家法》第 1 条之 2 的文理解释，自己使用已不是正当事由中例举的例子，原审法院只考虑承租人的利害是不当的。

但是，最高法院以下述理由驳回了上告。即按照《借家法》第 1 条之 2 规定的解除房屋租赁合同申请的“正当事由”应当考虑租赁双方的利害关系以及其他诸多因素，参照社会一般观念进行认定，原审就是如此判断的，故而不采纳上告理由中的主旨。

143

结果是，由于出租人“无论如何都租着一间房屋”，所以法院维持了出租人不能请求甚至拥有女仆房间的承租人返还任何房屋的结论。如此保护承租人，笔者认为这种判断是缺乏平衡的。〔31〕

（5）社会的应对与退房费的支付习惯

上述倾向于保护承租人的判例此后不断涌现，逐渐在社会上产生了“房子租给人家就遭殃了”的感觉。

---

〔31〕 关于本案例的评释，参见渡辺洋三・判例民事法 1950 年度 101 頁，乾昭三・民商法雑誌 32 巻 4 号 115 頁〔1956〕。

而且，如果出租人实在想要取回出租的房屋的话，就需要支付一笔退房费，并逐渐成了一般惯例。法院也逐渐倾向于，在认定正当事由时支付退房费是可以考虑的一个因素。[32]

比如大阪地方法院1982年7月19日判决。[33] 该案中，出租人有一栋容积率只有66. 7%的1934年建造的木制房屋。为了可以利用法律上认可的该区域300%的容积率，出租人制定了建造四五层公寓的计划，对木制房屋里居住的6名承租人提起了返还房屋请求诉讼。但这些承租人大多是租住了40年以上且打算到死都租住该房屋的老年人。法院勘察了原被告双方的具体情况，认为“仅仅比较考察双方的必要性，原告提出的解除合同的申请不能构成存在正当事由。但是，综合考虑本案房屋的老化、用地的低效、周围的状况、如今住宅情况的缓和，特别是一般的租赁、分开销售的公寓等过多供给以及通过调解、和解、诉讼等被告应对的诸多因素，如果原告一方可以提供相当高额的退房费，就可以补全原告一方的必要性，只有提供退房费才补足了正当事由”。具体来说，就是原告提供下述表格中的退房费，作为交换可以命令被告返还房屋。[34]

144

---

〔32〕 参见最高裁1971年11月25日判决（民集25卷8号1343頁）。

〔33〕 参见判例タイムズ479号154頁。

〔34〕 判例タイムズ省略了该金额，笔者是从判决誊本中抄录的。作为参考，也包含租金。

表9.1　6名承租人各自的租金及退房费

	租金（月）	退房费
Y1	3万日元	560.4万日元
Y2	3万日元	506.7万日元
Y3	3万日元	503.9万日元
Y4	3.2万日元	610.4万日元
Y5	1.5万日元	459.6万日元
Y6	2.2万日元	493.1万日元

（6）哪些利益受到保护、哪些利益被牺牲

虽然承租人的利益受到保护，但是事情远非如此简单。准确地说，已经租好房子的承租人的继续居住利益得到了保护。另外，随着退房费的普遍化，正在承租本身就会产生财产价值（特别是借地权价格的一般化），而且价值高额化（该判决中相当于14—25年房租）。

但是，如此一来，今后想要租房子的承租人却被置于不利的境地。对于出租人来说，一旦出租，将对其极为不利，那么出租人自由主张的机会仅在于是否认可承租人入住的时间点上，在这个阶段其就会进行严格选择。[35]

145

另外，如果“一旦出租便麻烦”，不收取高额租金便会不划算，就会导致出租人在承租人入住时收取权利金、更新

〔35〕除了高龄者，还有高学历的职场单身女性也容易以《借家法》为盾牌，所以房东有时候也会敬而远之。

时收取更新金等不知所以的高额费用。[36] 这就会变成承租人整体的损失。[37]

此外，“一旦出租便麻烦”，对于空地，地主不会建造公寓出租给他人，而是会修建不适用《借地法》《借家法》的停车场，或者在离城市中心很近的一等土地保留旱地。[38] 也就是说，住宅的供应将大幅减少。最近，住宅虽然供给逐渐充足，但是品质较好的新租赁住宅的供给却不充分。另外，由于不能让承租人腾退房屋，不少土地高度利用计划也受到了挫折。这样显然不是对资源的有效利用，所以从经济学角度看，对社会整体利益是不利的。

146

3. 法律修改的经过

立法者很早就意识到了上述问题，从20世纪60年代起，日本就开始修改法律了。

（1）1960年的修正案纲要

1960年“借地借家法修改准备会”发表的修正案纲要对《借家法》第1条之2中的“正当事由”进行了明确化，例举了以下几种情形。

---

〔36〕 押金是为了担保不支付已经产生的房租、房屋的损害等费用，有其合理性。

〔37〕 参见澤野順彦「地代・家賃と更新料・権利金の実情と問題点」ジュリスト851号32頁以下〔1985〕。

〔38〕 水田比较难打理，就变成旱地，种上蔬菜也比较花时间，就种上一些栗树。这样就变成了农地，与宅地强化课税相比，税金极低。

①承租人没有正当理由不使用房屋的；

②出租人意图通过改建等高度利用该土地的；

③在利用该房屋的必要性上，出租人比承租人更为迫切的；

④出租人向承租人提供相当的条件并提供可以直接使用的相当的代替房屋的。

但是，当时关于正当事由，没有得到实际的修改（1966年其他部分进行了若干修改）。

（2）1991年法律90号的修改

在1980年左右开始的各种审议会等场合，《借地法》《借家法》的修改问题再次被提上议程，成立了法务大臣咨询机关的法制审议会民法分会财产法小委员会进行讨论，并于1985年发布了《关于借地借家法修改的问题点》。[39]

147

关于房屋租赁关系中的“正当事由”，“所谓的写字楼、商场大楼等租赁，承租人数量众多，按照现行法，对其进行合理的大改造或者改建存在显著障碍。对此，存在修改的较大呼声”[40]。“有观点认为法律上应当明确所谓正当事由（《借家法》第1条之2）的内容，是否应当？内容应该包括哪些？比如，作为事由之一，有人提出了出租人对该房屋进行大规模修缮或者改建等具有必要性和相当性，这种观点如

〔39〕 参见ジュリスト851号356頁以下〔1985〕。

〔40〕 同上注，第73页。

何评价？”〔41〕除了这些问题，还有居住用租赁与非居住用租赁区别可能性的问题。

在听取了各方意见后，审议会1989年起草并公布了《借地法、借家法修正案纲要草案》。〔42〕草案中关于正当事由的问题，指出因工作调动等原因导致出租人从原来的生活据点暂时离开而将房屋出租的，不论正当事由，按照租赁合同约定的期限终止合同。除此之外的一般租赁，划分为居住用租赁和非居住用租赁。关于居住用租赁，要求正当事由，而正当事由有无的判断需要考虑出租人和承租人使用房屋的必要性情况、租赁历史情况、房屋利用情况、房屋现状、房屋所在地域状况等许多因素，除此之外还需要考虑退房费。关于写字楼租赁等非居住用租赁，不需要正当事由，但是可以请求返还房屋的补偿金。

148 对于这种改革方向，也有多种不同意见。一方面，有批判认为，从承租人的立场来看，《借地借家法》“改革”的真正目的是为了财经界、大企业的利益，而失去保护的承租人会因土地开发被赶出其一直安稳居住的地方。〔43〕另一方面，从出租人的立场出发，《借地法》《借家法》已超60年，已经成为土地高效利用的障碍，许多国民不得不居住在

〔41〕同上注，第58页。

〔42〕参见ジュリスト932号111頁以下〔1989〕。

〔43〕参见全国借地借家工会联合会制作的小册子『家・土地が奪われ街は消える』〔1989〕。

又小又高又远的住宅之中，应该推进修法工作。[44]

在以上各方意见对立中，“黑船”* 出现了（或者，也许可能存在将黑船引进东京湾的带路人）。1989 年至 1990 年，为了纠正日本对美国大规模贸易黑字而举行了日美构造问题会议。这次会议将日美贸易不均衡问题扩大到经济社会构造，希望通过日美双方协商解决该问题。[45] 在最终报告（1990 年 6 月 28 日）中，作为日方的措施，除了物流、排他性交易习惯等问题，就提到了土地利用问题。而其中与土地税制改革一道，提及了“借地借家法的修改”。对此，报告明确指出：“为了应对诸情势的变化，以及改善出租人和承租人之间的权利关系，而且考虑到扩大住宅利用可能性的期望，应当修改《借地法》《借家法》，最早在 20 世纪 90 年代末期通过两部法律的修正案草案。日本政府得到草案后尽快向国会提出法律草案。借此，期待土地可以得到更恰当的利用以及促进优良租赁住宅的供给。”[46] 《借地借家法》的修改虽然难以消解日美之间的贸易不平衡问题，但是日本写字

149

〔44〕 参见地主房东协会的意见广告「『借地法・借家法』は私たちの暮しを、こんなに歪めている」日本経済新聞 1990 年 1 月 15 日朝刊。

* 关于“黑船”，出自历史事件“黑船来航”。1853 年 7 月，美国东印度舰队司令马修・佩里（Matthew Calbraith Perry），率领四艘军舰开到江户湾口（东京湾一带），以武力威胁幕府开国。这些军舰船身都是黑色的，所以日本人称这次事件为“黑船来航”。——译者注

〔45〕 参见道垣内正人「日米構造問題協議の法的位置づけ」商事法務 1258 号 25 頁〔1991〕。

〔46〕『日米構造問題協議最終報告書』54 頁〔通商産業調査会，1990〕。

楼租金的下降将有利于美国企业进军日本，也就可以促进美国产品出口日本。这种“蝴蝶效应”式的逻辑似乎也是说得通的。

总之，经过上述讨论，1991年10月4日，以法律90号的名义，日本通过了现行的《借地借家法》(实施日期为1992年8月1日，同时废除过去的《借地法》《借家法》)。

4. 1991年的《借地借家法》

1991年修改后的《借地借家法》第28条规定：“如果不存在正当事由，房屋的出租人不得根据第26条第1款通知(拒绝更新的通知——笔者注)或者申请解除房屋的合同，除房屋的出租人及承租人（含转租人，下同）有必要使用房屋之外，正当事由还需考虑房屋租赁的经过、租赁历史情况、房屋利用情况、房屋现状以及房屋出租人要求返还房屋的条件，或者作为返还房屋的交换对房屋的承租人进行财产上给付的申请。”〔47〕

与1989年《借地法、借家法修正案纲要草案》相比，新法第26条“除房屋的出租人及承租人……有必要使用房屋之外”更重视该因素与其他要素的区别，删除了1989年草案明确规定的“房屋所在地域状况”，没有加入营业型

〔47〕 飯島一乗「『正当事由』の明確化」ジュリスト1006号45頁〔1992〕。

租赁（写字楼租赁）等特别规定，等等。从修法原本的计划来看，立法者考虑到城市再开发的必要性，希望通过立法矫正过分倾斜保护承租人的判例，此举可以说是相当程度的倒退。〔48〕

5.《借地借家法》1999年的修改

此后，作为规制缓和改革的一环，1998年《借地借家法》修改时被搁置的“定期借家权”再次被强势提上议程［经济审议会行动计划委员会《土地住宅事务委员会报告（1996年10月9日）》］。与此同时，有人也提出了激烈的反对意见〔49〕，但结果还是于1999年通过了《优质租赁住宅供给促进特别措施法》，同时也对《借地借家法》进行了部分修改。〔50〕

1991年修改后，只有在工作调动等不得已的情形下，并且书面约定这种事由的条件下，才可以缔结附期限房屋租赁

〔48〕除此之外，到了提出法案的最终阶段，还规定新法关于更新、解除合同的规定不具有溯及效力（新法不适用于过往的租赁）（附则第12条）。

〔49〕参见鈴木禄弥「いわゆる『定期借家権構想』について（上）（下）」NBL586号6頁、587号25頁〔1996〕，本田純一「『定期借家権導入論』とその問題点」ジュリスト1088号30頁〔1996〕等。关于要求正当事由的规则阻碍住宅供给的法学学者的分析，参见内田貴「『定期借家権構想』——『法と経済』のディレンマ」NBL606号6頁〔1996〕。

〔50〕修改后的《借地借家法》于2000年3月1日开始实施。参见山口英幸「改正借地借家法の概要」ジュリスト1178号8頁〔2000〕。

合同（旧法第38条）。1999年修改将此普遍化，现行法第38条第1款规定："在约定期间的房屋租赁合同的场合，通过公证文书等书面形式缔结合同的，不适用第30条的规定，可以约定合同到期后不更新……"第2款规定了附期限的书面交付和说明义务。此外，房屋的出租人如果在期限届满前1年至6个月之间通知承租人如期间届满租赁将终止的，就不需要正当理由，期间届满，自然租赁就终止了（第38条第4款）。如此，1941年以来的关于正当事由的规则中产生了大量的例外。[51]

如上文所述，对于已经通过的法律的解释，笔者对考虑所有的情况进行利益衡量，过于无视条文文字的做法表示质疑。正因如此，立法时，应当在预想到的所有的情况、条件、影响等综合考虑的基础上，基于一定的价值判断进行决断。至于《借地借家法》，其综合考量之中，不仅仅是在《借地借家法》的框架内探讨，还包含对土地问题产生影响的税法以及其他有关的法律制度整体的考察。

今后，这部法律将如何规制社会，社会又将如何面对这部法律？将来，当这部法律再次和社会现实不合时，是不拘泥于文字，通过自由的解释追求具体的妥当性？还是虽不合理但是不得不按字面解释而等待法律的修改？这是个饶有趣味的话题。

152

〔51〕此后，《借地借家法》经过几度修改，重要的一次修改是2007年132号法律废止了以商用建筑的所有为目的的定期借地权的上限。

※ ※ ※

开篇《女税务官2》的引用是笔者向株式会社伊丹十三事务所请求而来的。事务所好心惠赠了剧本复印件，在此表示由衷的感谢。实际上，比起读剧本，看电影会明显感到更加动人心魄。笔者不得不看了多次录像带，才把会话记下来（想要真正感受画面感，还是需要去看电影）。

10

问题10 惩罚性损害赔偿

QUESTION

154

Y汽车公司打算举全公司之力，推出一款外形好看又便宜的新车型。但是，当开发到最后阶段时，试车实验发现，油箱的位置存在问题。若油箱放在贴近后轮车轴的后方，当发生追尾时，即使是低速行驶也极可能会引起火灾。因此，试验现场工作人员提出将油箱移到车轴上方的建议。

但是，Y公司的上层领导认为这样改变设计会提高许多成本，发售的时间也会推迟，汽车的外形也会变丑，经过冷静且彻底的计算得出：

变更设计花费的成本（a）＝因为每台增加的成本而减少的利益×销售量+每台的利益×因发售推迟和样式丑化而减少的台数；

不变更设计花费的成本（b）＝单次事故的损害赔偿金额×事故次数。

通过带入市场预测和事故发生的概率计算得出a>b。因此，Y公司选择不变更设计，而是在事故发生之后支付赔偿金。

发售不久，就发生了以下的事故：

X 驾驶 Y 公司研发的这款汽车，在高速公路上引擎突然发生故障，后面的车来不及躲避，撞上了 X 的车，X 的车瞬间被大火吞噬，虽然 X 保住了一条命，但是全身烧伤。

X 向 Y 公司提起了诉讼，请求 Y 公司承担损害赔偿责任。在审理过程中，查明 Y 公司曾进行过上述计算。

155

《民法》第 709 条规定了一般侵权行为的责任承担："因故意或过失侵害他人权利或法律上保护的利益的，负因此所生损害的赔偿责任。"受损害人可以请求加害人承担现实的损害赔偿责任，但是在这个案例中，如果仅让 Y 公司承担 X 的治疗费用、误工费和精神损害赔偿金，就正中 Y 公司的"圈套"。经过严密的计算，相比于整体更换设计，Y 公司选择直接赔偿是更经济的做法。

因此，有学者认为，这种恶意侵害他人的行为应当严厉惩罚。赔偿的范围不仅应包括受害人的实际损失与加害人因计算得到的利益（a−b），还要让加害人承担其他高额的赔偿。这样既能让 Y 公司不再做出如此恶意的行为，又能以高额的赔偿费用警示社会大众。

请读者思考，从立法的角度来看是否应当导入惩罚性损害赔偿制度。您可以写下导入惩罚性损害赔偿的好处与弊端，从而得出自己的结论。

※　　※　　※

请你先耐心思考，再往下阅读。

156

1. 公法与私法——刑事法与民事法

（1）作为政策实现手段的法律

政府有政策目标，且可采取各种手段让社会朝着指定方向前进。比如，行政指导即是政府引导相关行业自发地认同、帮助政府完成相应目标的手段。背后的原理是，基于法律限制政府权力的前提，政府为了达到相同的结果，通过引导的方式实现行政目的。从某种程度上来说，这对日本来说是适合国情的制度。但是，也有批判指出，行政指导有不透明的部分。为了避免该类情况，1933年，国会制定《行政程序法》，并于次年正式施行。〔1〕

实施政策的主要手段仍是法律。最常见的分类是将法律分成公法与私法，但是这种分类其本身就有问题，学界对于公法与私法的定义也存在许多的争论。〔2〕这里我们不关注这些争论，只阐释与下文有关的内容。公法除了宪法与国家行政组织法等，还有以刑罚作为后盾并以之为政策实现手段的刑事法。下文将对比刑事法与民事法（称为“私法”也是一样的，对应“刑事法”，用“民事法”一词更加妥当），并给出本书的定义。

---

〔1〕参见宇賀克也『行政手続法の解説』(第6次改訂版)〔学陽書房，2013〕。

〔2〕从行政法的角度论述，参见田中二郎『公法と私法』〔行政法研究第2巻〕〔有斐閣，1989〕。

国家相当重视刑事法，它是实现政策目标的强制手段。国会制定法律，倘若有人违反刑事法，作为国家机关的警局将会对其调查，取证后移送作为国家机关的检察院，检察院审查起诉，法院再作出有罪判决，可能会判处罪犯罚金、有期徒刑、死刑等刑罚，最后再由作为国家机关的法务省执行法院判决。这种情形下，国家在刑事法中掌握着绝对的主动权。

157

与之相对的则是民事法，虽然都是由国会制定的法律，但是国家对该法律是否被遵守、社会是否按该法律方向运行的重视度并不及刑事法那样高。所以就算有人违反了民事法，警察也不会立即行动。当事人向法院提起诉讼，法院作出判决后，对该判决的实现国家再次陷入被动。只有当事人请求执行判决时，国家才会采取行动。

（2）刑事处罚与损害赔偿

比如，对于杀人的行为，国家会采取抑制该行为的政策，明令禁止杀人行为。如果有人杀了人，那么他将会被逮捕、审判。被告人可能被处以死刑、无期徒刑或情节较轻的场合只处五年以上有期徒刑（《刑法》第 199 条）。除杀人外，如果符合故意伤害致人死亡（并非故意杀人，主观上只是想要让被害人受伤，客观结果上被害人死亡。《刑法》第 205 条）、伤害（《刑法》第 204 条）、过失致人死亡（《刑法》第 210 条）及过失伤害（《刑法》第 209 条）的构成要件，那么就会被逮捕、审判、处罚（犯罪的严重程度是根据法益侵害的程度确定的，上面列举的行为都是逐渐变轻的。此外，过失伤害罪只会处30万日元以下的罚金或科料[3]）。
158 可见，刑事法依靠国家的制裁达成法律的目的。

另外，因为加害人的行为，被害人（被害人本人以及被害人的家族等）可能会产生治疗费、丧葬费、误工费等经济损失以及痛苦、悲伤等精神损失。与刑罚不同，民事处罚中，在加害人有故意或过失的情形下，国家作出了不由受害人承担损失，而由加害人承担损失这一政策判断是妥当的。《民法》第709条表达了这种思想，即加害人承担损害赔偿责任。但是说到底这不过是民事法，如果受害人不向法院请求，国家也不会主动地帮受害人索要损害赔偿。受害人有自由选择是否索要赔偿的权利。例如，在对方不是故意的场合，出于人情考虑，可能就会不要求加害人承担损害赔偿责任。这种自由决定的权利也体现了国家对该方面重视程度较低。如果受害人主动提起诉讼，并且案件事实满足《民法》第709条的构成要件，那么法院就会判决加害人向受害人支付损害赔偿金。当判决未被主动履行之时，可以由受害人请求法院强制执行（《民事执行法》第2条）。

※对于国家来说，这样的裁判制度设计具有重要意义。假如受害人用自己的力量迫使加害人支付损害赔偿金相当的

---

〔3〕 日本刑法所定刑罚之一。科料是对轻微的犯罪所适用的财产刑，处罚的金额在1000日元以上，1万日元以下。

金额，那么即便受害人是民事法上权利的受害人，其行为也会因扰乱社会秩序而受到刑事法的处罚。这就是所谓的“禁止自力救济”。最高法院 1953 年 10 月 14 号判决（刑集第 9 卷 11 号 2173 頁）指出：“对他人享有权利的人在行使权利之时，应当在权利的范围内并以社会一般观念所容忍的方式行使，不至于发生任何违法的问题。如果超过上述权利行使的范围，那么将构成违法，有可能构成恐吓罪。”

159

但是，刑事法与民事法的关系不限于前文所述。例如，与没有获得《外国汇率以及外国贸易法》（所谓“外汇法”）规定的需要主管大臣许可的非居住者存在金钱借贷合同等，基于此产生请求权的案件中，管理性法规规定：“虽然违反行为在刑事法上是违法的，但并不影响私法上的效力。”〔4〕

无论如何，在众多社会行为中，国家只对一定范围内的行为采取刑事处罚的方式进行规制。

（3）开篇的例子属于刑事法问题还是民事法问题

前文已述及，在日本，侵害他人生命、财产或扰乱社会秩序严重到需要刑法处罚的，将适用刑法；涉及当事人间权利义务关系的，则适用民法。因此，对于本问题开篇的例子，如果 Y 公司的行为需要得到处罚，那应当由刑法发挥作用。为了获取最大利润，在明知驾驶人可能会因车辆的缺陷

〔4〕 最高裁 1985 年 12 月 23 号判决（民集 19 卷 9 号 2306 頁）。免除原来负担的债务，违背诚实信用原则。

而死亡的情况下，却还是将车辆投入市场。因此，Y 公司可

160 能成立“未必的故意”* 杀人罪。[5] 如果将处罚交由刑法解决，民法只需要负责平衡地分配损害责任即可。[6]

（4）境界领域

刑法与民法无法明确区分。比如，刑法有亲告罪（必须要由被害人亲自告诉才能处理的犯罪），而民法的领域也有检察官出面的场合。

《刑法》第 261 条故意毁坏财物罪（毁损他人物品的犯罪），在国家整个法律秩序中，与侵害生命、健康不同，不算非常严重的行为。只有当被害人希望侵害行为受到处罚之时，国家才能够行动。对此，《刑法》第 264 条规定，第 259 条、第 261 条以及前条所规定的罪名，必须要告诉才能提起公诉。[7]

民法领域，检察官大多出现在家族法的场合，例如违反

161 《民法》第 731 条至第 736 条规定的婚姻条款（禁止重婚、

---

* 同间接故意。——译者注

〔5〕 明明可以预测到事情的发生却还要实行，可以认定为故意，不需要预先明确具体被害人也可以成立故意杀人罪。参见大審院 1917 年 11 月 9 日判决（刑録 23 輯 1261 頁）。

〔6〕 如果加害人有 100% 的责任，那么产生的损害责任全部由加害人负担。如果受害人有过错，那么就应当减少相应的损害赔偿金额（《民法》第 772 条第 2 款规定的过失相抵原则）。

〔7〕 过去的《刑法》第 176 条以下的强制猥亵罪和强奸罪等，为了保护被害人的隐私，也设置成亲告罪。但是，遭受精神或身体上打击的被害人，还要选择是否起诉，对被害人来说是巨大的负担。为了避免这样的负担，2017 年 72 号法律将其改成非亲告罪。

近亲属结婚等）可由各当事人、亲属或检察官请求法院撤销（《民法》第744条）。即便当事人觉得目前的婚姻尚可接受，国家一方也可以通过法院起诉的方式撤销婚姻。[8] 如此这般，为了维持以婚姻为基础的健全的家族制度，虽然民法已经存在规定，但国家还是在一定范围内对此表示出了强烈的关心。

除此之外，由于时代和国家的不同，民事与刑事的区分也并不绝对。2000年制定的《关于保护犯罪被害人等权益的刑事程序附带措施的法律》规定，在杀人罪等罪名的案件中，在终局判决之前，被害人或代理已去世的被害人的亲属可以向被告人请求赔偿。如果刑事案件判为有罪，法院可以利用其中收集的证据，迅速审结民事案件，对被害人而言，不仅可以利用刑事案件中收集的证据，还能节约诉讼时间与诉讼成本。这可以说是民事与刑事的部分融合。

2. 美国的惩罚性损害赔偿

162

（1）何为惩罚性损害赔偿（punitive damages）

英美法系没有完全区分刑事和民事，一般也没有人想要彻底去区分这两者，而惩罚性损害赔偿就是其中一个

[8] 还比如，为了保护孩子的利益，请求剥夺不良父母亲权（亲权的停止）的请求权人，除了亲属，还可以是检察官（《民法》第834条、第834条之2）。

例子。[9]

惩罚性损害赔偿（英美法系上多用 punitive damages, punitory damages, exemplary damages, vindictive damages 等称谓）在英美法系上更为发达。当加害人主观恶性较大的时候，在填平损失的基础之上，还应当承担特别的赔偿责任。恶性较大的场合大致包括 willfulness, wantonness, maliciousness, recklessness, oppression 等场合，也包括加害人无视潜在受害人的利益高度盖然受到损害的事实而执意实行自己计划的场合，例如产品责任。[10]

163

（2）福特斑马事件

前文提及的例子并非虚构，而是由美国真实发生的事件改编的。[11]

1972年5月28日，格雷夫人（Lilly Gray）驾驶着一辆福特斑马牌汽车在高速公路上行驶，车上载有13岁的理查

---

〔9〕 参见木下毅『アマリカ私法』19頁〔有斐閣，1988〕。

〔10〕 关于本文所参考的日文文献，除了后面提及的，还包括田中和夫「英米における懲罰的損害賠償」『損害賠償責任の研究』（中）885頁〔有斐閣，1958〕；W・グレイ〔木下毅訳・コメント〕「アメリカ法における懲罰的損害賠償一一現代の理論および実務」アメリカ法〔1978－2〕171頁；山口正久「米国の製造物責任訴訟と懲罰的損害賠償（上）（下）」NBL 281号13頁，283号42頁〔1983〕；手塚裕之「米国各州の懲罰的賠償判決の性質・法的機能と本邦で執行可能性」ジュリスト1020号117頁〔1993〕；早川吉尚「懲罰的損害賠償の本質」民商本雑誌110巻6号1036頁〔1994〕。

〔11〕 参见 Grimshaw v. Ford Motor Co., 119 Cal. App. 3d 757, 174 Cal. Rptr. 348〔1981〕；S. SPEISER, LAWSUIT 355-366〔1980〕；大羽宏一『米国の製造物責任と懲罰賠償』134頁〔日本経済新聞 1984〕；Schwartz, The Myth of the Ford Pinto Case, 43 Rutgers L. Rev. 1013〔1991〕。

德·格林萧（Richard Grimshaw）。因汽化器发生故障，汽车突然减速停止，随即被后车追尾，被撞的瞬间起了大火。格雷夫人当场死亡，理查德·格林萧严重烧伤面积达 80%，并失去了左耳、鼻子以及数根手指。格雷夫人的家属和理查德向加利福尼亚州的州法院提起了损害赔偿请求诉讼。

事故的起因是汽化器的故障，所以双方对实际损失的赔偿并没有异议。原告方的律师调查了事故发生原因，并从福特公司原技术担当 Harley Copp 先生（因安全问题意见冲突，于 1976 年辞职）那里得到了惊人消息。[12] 斑马汽车的开发速度相当快，公司先设计样式，再在样式的基础上进行内部设计。经开发人员提醒，Lee Iacocco 社长知道只要将汽油箱的位置移到车轴上面，就能比原来的设计提高 95% 的安全性，但是考虑到变更设计的话，一辆汽车的成本要上升 9.95 美元，样式也会不如之前美观。对此，社长不愿成本上升和外观变化，所以决定直接发售。基于这个原因，原告方增加了要求被告承担惩罚性损害赔偿的诉讼请求，这是此案最大的争议点。[13]

164

另外，原告方的律师通过开示程序（事故发生后的 1973 年）得到了福特公司给美国联邦道路交通安全局的书信（以

---

〔12〕 这种内部告发者被称为吹哨人（whistle-blower），当时消费者运动的领袖 Ralph Nader 等人呼吁大公司的工作人员进行内部检举。

〔13〕《加利福尼亚民法典》（California Civil Code）第 3294 条在例举中规定了作为对被告制裁的惩罚性损害赔偿。

起草者的姓名命名为“Grush- Saunby Report”）。

※美国司法审判中，原则上由陪审员进行事实认定，所以需要在连续几天内审理，短期内结束审判。为了让双方当事人在这种审理程序（trial）中处于平等的地位，需要做许多准备工作，这被称为“开示程序”，主要内容包括让对方提供其掌握的资料以及相关证人证言。虽然为了应对开示程序可以提供一些公司内部资料，但是如果这些资料中包括了一些对公司不利的文件，可以将这些文件混入提供给对方律师事务所的处理不过来的海量的文件中，通过合法的方式达到“隐藏”的目的。以福特斑马事件为原型制作了电影《审判终结》（Class Action，福克斯公司1990年出品）。电影设定汽车的指向标出现缺陷，描写了律师父女（父亲为吉恩·哈克曼）的矛盾。本案中最为关键的点在于开示程序。在美国，开示程序也存在一些问题，例如开示程序的滥用会导致律师费用大大上升。[14]

165

书信的主要内容为，福特公司反对美国联邦政府即将实施的安全基准规则，理由是作为社会整体，计算比较了如实施新规而减少事故的好处与成本增加的坏处。计算过程如下：

---

〔14〕 参见高橋宏志「米国ディスクバリー法序説」『法学協会百周年記念論文集』3巻527頁〔有斐閣，1983〕，小林秀之『アマリカ民事訴訟法』166頁〔弘文堂，1985〕，春日違知郎『民事証拠法研究』191頁〔有斐閣，1991〕。

因死者、受伤者及汽车损害减少，汽车制造公司和保险公司获得的好处是可以少支付 4953 万美元［=20 万美元（死亡）×180+6.7 万美元（受伤）×180+700 美元（车辆损害）×2100］。[15]

但是，汽车制造的成本会上升，并通过提高售价的方式转嫁到消费者头上，消费者整体遭受的损失数额大致为 1.375 亿美元［11 美元（一台汽车所上升的成本）×1250 万台］。

166

按此计算，福特公司主张安全标准的强化将对社会经济产生负面效益（非成本效益）。这是福特公司的主张。但是，这封书信的内容与开篇问题的设定有所不同，这里是为了反对新安全标准（准确地说不是追尾而是车子翻车的安全强度基准）而计算了社会经济得失。在诉讼中，法院并没有采纳该书信证据。[16] 但还有证据表明，福特公司在明知斑马汽车在被追尾的时候很容易起火的前提下，在权衡生命与金钱之后决定不变更设计。加上前文所述 Copp 的证言，陪审团更倾向于让福特公司承担惩罚性损害赔偿责任。

1978 年 2 月，陪审员经过 8 个小时的讨论后，判决福特公司向原告支付实际损失 250 万美元（当时汇率 1 美元=210 日元，250 万美元折合 5.25 亿日元）加惩罚性损害赔偿 1.25

〔15〕 另外，受害人得到赔偿金后好处与坏处就归零了。

〔16〕 参见 174 Cal. Rptr. 376。1971 年至 1976 年，斑马汽车的销售数量超过 220 万台，小型车市场占比第一名，这封信的内容在媒体上引发了广泛的关注与讨论。

亿美元（折合262.5亿日元）。但是，后来基于福特公司的申请，戈德斯坦法官通过赔偿额减额决定程序（remittitur）*，作出判决，将惩罚性损害赔偿减少到350万美元（折合7.35亿日元）。

167 双方均提起上诉，但二审法院维持了一审法院的判决。[17]

（3）惩罚性损害赔偿的根据

以下列举美国关于惩罚性损害赔偿制度正当化的理论根据。①需要给加害人予以惩罚（特别预防）。②对社会大众的一种警示，抑制类似行为的发生（一般预防）。③满足受害人的报复心理。④给予受害人超出实际损失的利益，诱使受害人积极地行使权利，更加积极地参与法律目的的实现（成为“私人司法官”），从而消灭社会上的恶行。⑤在实际损害无法完全得到赔偿的情况下，发挥补充的机能。

虽说有五点根据，但第五点是对实际损害赔偿制度难以发挥机能而进行补充的消极论据。惩罚性损害赔偿本来就与填补受害人的损害是没有关系的。因此，实际上支撑惩罚性损害赔偿制度的理念只有①—④。其中，①—③的理念与刑法处罚的根据相同，所以只有④是惩罚性损害赔偿独有的根

---

* 陪审团所确定的赔偿额明显过高时，法官可指令原告予以部分免除。——译者注

〔17〕 二审判决中，福特公司主张，违反汽车安全基准的刑罚最高也只有80万美元，而原判决350万美元的惩罚性损害赔偿实在太高了。法院认为，按照刑罚的标准设置惩罚性损害赔偿数额，对企业的影响过低，无法有效遏制企业的违法行为，所以高额的惩罚性损害赔偿是必要的（174 Cal. Rptr. 389）。同时判定格雷夫人的遗属能够得到56万美元的实际损害赔偿金。

据，即依靠个人实现法律上的目的。

对此，美国也有反对惩罚性损害赔偿的声音。事实上，除了继受法国法的路易斯安那州，马萨诸塞州、内布拉斯加州以及华盛顿州都不承认惩罚性损害赔偿。就算是惩罚性损害赔偿的起源地英国，1964 年的贵族院判决中也严格限制了惩罚性损害赔偿的适用。[18] 反对者有以下几点理由：(a) 如果某个行为无法被社会全体所认同，那么这个行为应当由国家来处罚，这应该是刑事法的领域。(b) 惩罚性损害赔偿没有上限且不明确的处罚违反正当程序。(c) 既要承担民事责任又要承担刑事责任，存在二重处罚的问题。(d) 当受害者不止一人且均起诉时，前诉与后诉均请求惩罚性损害赔偿，可能导致加害人遭受二重处罚（如果不承认二重处罚，那么只有最初原告获得惩罚性损害赔偿，就存在不公平的问题）。(e) 加害人一方将惩罚性损害赔偿的成本平摊至消费者身上，那么对全体消费者而言是不利的。[19] 上述理由中（b）以下的理由是对惩罚性损害赔偿制度技术性的批判，根本性的批判在于理由（a）。

168

※受害人得到惩罚性损害赔偿的场合，在非身体或因疾

〔18〕 See Rookes v. Barnard〔1964〕A. C. 1129.

〔19〕 这样的理论在加害人为负担惩罚性赔偿责任而签订责任保险的情况下更为明显。关于惩罚性损害赔偿能否利用保险来规避风险，美国各州的判例各有分歧。具体内容可参见落合誠一「懲罰の損害賠償〔Punitive Damages〕に関する責任保険てん補」成蹊法学 29 号 197 頁〔1988〕

病得到赔偿的情况下，该惩罚性损害赔偿需要纳税（在美国所得税为联邦税）。结果，有意见认为，这部分其实就是罚金。〔20〕

169 **3. 日本的相关讨论**

在日本，损害赔偿的基本机能是填补现实中已经发生的损失，而精神损害赔偿金也是对现实遭受精神性损害的填补。〔21〕

在特别法中，《劳动基准法》第114条采纳了惩罚性损害赔偿。该条规定，对于违反休息补助、加班费等保护劳动者而特别支付工资义务的雇主，法院“可以根据劳动者的请求……命令其支付工资以及相关费用一倍的追加金额”（《船员法》第116条也规定了相似内容）。如果没有这样的追加罚金的制度，雇主就算违反了《劳动基准法》，只要之后补上应支付的工资就可以了，没有相应的责任。这样显然无法保护劳动者的权益，雇主也不会主动遵守《劳动基准法》的规定。《防止承包价款延迟支付法》是保护承包人利益，限

〔20〕 Internal Revenue Code, § 104 (a) (2). See, Henning, Recent Developments in the Tax Treatment of Personal Injury and Punitive Damage Recovers, 45 Tax Lawyer 783〔1992〕.

〔21〕 参见加藤一郎『不法行為法』(增補版) 228 頁〔有斐閣 1974〕；四宮和夫『不法行為』594－595 頁〔青林書院，1987〕；内田貴〔民法3〕(第3版) 411－412 頁〔東京大学出版社，2005〕など。

制发包人的法律。根据该法第 2 条第 2 款的规定，发包人应当在受领承包人的给付请求 60 日之内支付价款。根据该法第 4 条第 2 款的规定，未在支付期限内支付价款，应当就未支付金额按照公正交易委员会规定的利率支付延迟利息。1970 年 5 月 8 日，公正交易委员会规则第 1 号规定利率为 14. 6%，该规定有些惩罚性损害赔偿的意味。

170

但是，一般侵权行为责任的机能在于填补损失，这种为了制裁加害人而使得受害人因事故得益的做法一般不会被认可。[22]

（1）氯喹药害诉讼中惩罚性损害赔偿金的否定

日本法院在氯喹药害诉讼中讨论过惩罚性损害赔偿金功能的问题。作为治疗肝脏的特效药，持续服用氯喹制剂却引发了使用者的网膜症。受害人对国家、制药公司以及医疗机关提起了损害赔偿请求诉讼。原告方请求的赔偿金数额是通常情况下精神损害赔偿金的 3 倍，即所谓的“惩罚性精神损害赔偿金”。1988 年 3 月 11 日，东京高级法院作了以下判决：在原告方不能让法官确信被告方明知药物有毒性，但是为了追求利益而继续生产销售药物的事实的基础上，作为一般论，“在本案中，原告等人主张的‘惩罚性精神损害赔偿金论’不仅要斟酌……加害行为的样态，确定精神损害赔偿金金额，还要考虑为了受害人能够恢复加害人造成的健康损害以及防止此种加害行为的再次发生，才能认可惩罚性、制裁性高额精神性损害赔

〔22〕 虽然内容上仅仅是机动车事故的情形，反对导入惩罚性损害赔偿的文献可以参见山田卓生「懲罰的損害賠償」交通法研究 13 号 48 頁〔1985〕。

偿金”。“但是，日本民法中侵权行为损害赔偿制度仅以加害人赔偿侵权行为而造成的受害人损失为目的。为此，在上述范围内斟酌加害行为的样态是有必要的，而且仅限于此，超越这一点而惩罚或者制裁加害人，或者试图防止侵权行为再次发生，或为此科以高额精神损害赔偿金等考虑显然不在上述制度的考虑范围之内。”〔23〕

171 （2）精神损害赔偿金的计算

一般而言，精神损害赔偿金的计算需要考虑当事人双方的社会地位、职业、资产、加害的动机及样态等诸般事项。〔24〕有观点认为，以加害人的动机为问题出发点，在加害人故意的场合，特别是相当恶劣的故意的场合，此时赔偿金的数额如果比非故意场合的数额要高，那么就证明日本的裁判实务在计算精神损害赔偿金时已经加入了制裁性惩罚。与此相对，有学者提出如果严格遵循精神损害赔偿金是对被害人精神损失的填补观点，那么在计算精神损害赔偿金金额时还要考虑加害人一方的情况，那显然是不合道理的。〔25〕

但是，笔者认为，就算站在填补现实损失的立场来看，裁判实务也可以解释得通。即精神损害赔偿金并非侵权

〔23〕 判例時報1271号441頁。另外，原审的东京地方法院1982年2月1日判决（判例時報1044号19頁）以及其他集团诉讼的东京地方法院1987年5月18日判决（判例時報1231号3頁）也是相同的判决主旨。此外，在上告审中，这一点没有成为争议点［最高裁1995年6月23日判决（民集49卷6号1600頁）］。

〔24〕 参见最高裁1985年2月5日判决最高裁裁判集民事77号321页。

〔25〕 参见植林弘『慰謝料算定論』131頁〔有斐閣1962〕，四宮・前揭書599頁。

行为发生瞬间所固定下来的对精神损害的金钱评价，还与之后加害人的对应措施，加害人一方的情况有关。这样看来，上文的考虑是天经地义的。因此，根据上述裁判实务，笔者认为精神损害赔偿金并不存在超越民事与刑事的区分，但具有积极意义上的制裁功能。〔26〕

172

（3）少数有力说

基于以上现状，有学者提出应在日本引入类似于惩罚性损害赔偿的制度。在不大幅改变现行制度的前提之下，精神损害赔偿金可以作为私人制裁，或者说包含填补与制裁。〔27〕还有更为少数而激进的观点认为，超越救济受害人的必要性程度，应当积极认可可以充分发挥惩罚效果的精神损害赔偿金（惩罚性精神损害赔偿金）。〔28〕

在判决中，据笔者所知，唯一认可支付惩罚性精神损害赔偿金的判例是京都地方法院 1989 年 1 月 27 日判决（判例

---

〔26〕 很难说加害人越富有，受害人就会更加痛苦。法院认可了植物人状态的受害人的精神损害赔偿金请求（名古屋地方法院 1972 年 11 月 29 日判决，判例時報 696 号 205 頁）。还有的判例中，如飞机坠毁，遗体沉在海底不能打捞，法院认可了对死者本人而不是其家属的精神损害赔偿金（東京地方法院 1997 年 7 月 16 日判决判例タイムズ949 号 254 頁）。从上面的判例可以看出，精神损害赔偿金确实具有事实上补偿财产性损害的赔偿机能。

〔27〕 参见淡路剛久『不法行為における権利保障と損害の評価』104 頁〔有斐閣 1984〕，森島昭夫『不法行為法講義』474 頁〔有斐閣 1987〕。

〔28〕 参见小島武司「脚光を浴びる制裁的賠償」判例タイムズ278 号 6 頁〔1972〕；後藤孝典『現代損害賠償論』158 頁〔日本評論社，1982〕；樋口範雄「制裁的慰謝料論について」ジュリスト911 号 19 頁〔1988〕等。另外，参见森田果＝小塚荘一郎「不法行為法の目的——『損害賠償』は主要な制度目的か」NBL874 号 10 頁〔2008〕。

時報1322号125頁）。[29] 案件情况如下：公寓建设公司与工地附近的居民签订了关于限制工作时间的协议，因为工期延误，工作无法按期完成，公司本打算支付因违约而产生的损害赔偿金。但是，公司发现违反协定加快完工比支付迟延损害金更为有利，所以违反了协议约定的施工时间强行施工。法院认为："故意不履行债务，应当科以支付惩罚、制裁性质的精神损害赔偿金的义务。"被告建设公司的行为"本身是违法的，即使难以证明可预见的具体的噪音等造成的财产损失、精神损失，但对于债务不履行或主动违反契约本身导致的精神痛苦，也应当受到惩罚性或制裁性赔偿的制裁"[30]。

173

另外，作为产品责任的立法论，日本律师联合会消费者问题对策委员会在1990年11月7日起草了《产品责任法纲要第一草案》（以下简称《草案》）。根据《草案》第7条的规定，制造者故意或重大过失的，在赔偿实际损失之外，受害人还可以要求其支付不超过实际损失2倍的惩罚性精神损害赔偿金。但是，《草案》并没有成为法律而实际实施。

---

〔29〕 但不是侵权行为案件，而是债务不履行案件。

〔30〕 具体来说，被告三家公司分别向各原住民支付20万日元。

4. 作业中的意见

关于日本是否应引入惩罚性损害赔偿制度的问题，笔者在课堂中布置了作业，要求学生提交一份报告，提出自己的见解。经统计，比例大约是 6∶4，其中反对引入惩罚性损害赔偿制度的学生更多一些。

赞成者认为，惩罚性损害赔偿制度可以抑制具有强烈恶意的侵权行为，除了能够满足当事人的报复心理，个人也能够发挥检察官的作用，国民对法律的关注度会更高。反对者认为，引入惩罚性损害赔偿制度可能会使民法与刑法区分困难，导致法律体系混乱；赔偿数额难以预测，没有明确的判断标准；同时，只要胜诉了就能得到一大笔钱，会导致随意提起诉讼；类似罚金性质的金钱全部放入原告的口袋，让人难以接受；民事裁判并不像刑事裁判那么注重对被告权利的保护；有民事裁判与刑事裁判二重处罚的危险。 174

其中并没有什么特别建设性的意见。令人吃惊的是，学生们的观点与既有的讨论并无较大差距，也就是说他们完成了“法律家的讨论”。

5. 想要构建怎样的社会

笔者认为，其中最大的争议点在于如何评价原告得到巨额的惩罚赔偿金。赞成者认为，这样有利于个人促进法律目的的实现，能够驱除社会的邪恶。[31] 笔者还是不太能接受这样的观点。依靠揭露他人的罪行，并通过诉讼的方式来赚钱的机制，从实用主义的角度来说，确实是高效的实现法律目的的方法，能让社会上的恶行减少。但是这样的社会能否算是健全的社会呢？还有，恐怕大多数的案件都会通过和解的方式解决，在只要诉讼就可能得到惩罚性损害赔偿的背景下，更多的当事人会选择和解的方式解决，暗中交易。不为大众所知的“惩罚”，恐怕道理上是说不过去的。

175 在美国，受到律师费风险代理制度、集团诉讼（同一立场的多数原告集合在一起的诉讼程序）和开示程序（discovery）等影响，诉讼案件爆炸性增长，而惩罚性损害赔偿制度只是原因之一。虽然这些制度有助于实现法律目的，但是实际上这些制度被律师过度利用，从中受益，社会却负担着巨额成本。正因如此，乔治·赫伯特·沃克·布什执政末期，为了改革有损美国国际竞争力的法律制度，设立了由奎尔副总统担任委员长的咨询委员会。委员会提出的报告书认为应当进行改革，不应承认超过实际损害的惩罚性损害赔偿

---

〔31〕 参见田中英夫＝竹内昭夫『法の実現における私人の役割』140頁〔東京大学出版社，1987〕。笔者并不赞同该书结论，但在考虑这个问题时，该文献能够为笔者提供许多具有参考意义的视角。

等，即改革应当向限制惩罚性损害赔偿的方向前进。[32]

反对引入惩罚性损害赔偿制度的意见认为，必须让犯罪行为受刑法规制，没收加害人因犯罪所得的全部利益，这样就没有必要引入惩罚性损害赔偿制度。讨论的问题应当转化成：刑法无法规制的领域之下，违法行为应当如何处置？当然，此时很难用严格区分刑事与民事的形式论说明问题。此外，需要解决的是，罚金制度没有上限，也没有严格的程序与之匹配。设定罚金上限，同时建立相应的程序这不是立法论能解决的问题。

笔者反对引入惩罚性损害赔偿制度的关键性理由在于，没有惩罚性损害赔偿的社会，虽然只能靠刑法来惩处犯罪行为，且人们可能留有不满，但是社会整体上将更加平稳。这也仅是笔者的朴素的感觉。无论得出何种结论，笔者唯愿能够提出得到更多人认同的理由。 176

※　　※　　※

围绕着在美国开展业务的纠纷，加利福尼亚州的州法院在某一案件中判决日方企业向美方企业支付42.5万美元的实际损害赔偿，以及112.5万美元的惩罚性损害赔偿。美方企业根据这份判决请求在日本强制执行，但是日本最高法院以

---

〔32〕 See President's Council on Competitveness, Agenda for Civil Justice Reform in America〔1991〕. 关于这个报告，参见由法务大臣官方司法法制调查部参事室介绍和翻译的《経済競争力に関する大統領審議会の報告書・米国の民事司法制度改革に関する提案事項》（判例タイムズ773号28頁）。

该判决的惩罚性损害赔偿部分违背日本的公序良俗为由，拒绝强制执行。[33] 这也是日美间法的正义冲突的一个典型。

---

〔33〕 参见最高裁1997年7月11日判决（民集51巻6号2573頁）。櫻田嘉章·平成9年度重要判例解説291頁。

关键词索引*

B

保留矿区 9
保险制度 63
背信恶意人 4
本金 110，132
变造电话卡 136
变造有价证券交付罪 136
驳回起诉 7
驳回诉讼请求 7
补偿 120
不当得利 132
不当得利返还请求 80，110，132
不动产二重转让 5
不可抗力 92
不溯及性变更 118
不正当制作和提供电磁记录罪 136
不知法律 113

C

朝廷的裁判 116
产品责任 162
产品责任法纲要第一草案 173
迟延损害金 93，110
惩罚性精神损害赔偿金论 170
惩罚性损害赔偿 162
承诺 21
诚实信用原则 159
承租人 91，127
充当本金 110

* 在本书正文中，个别词因翻译表达的需要，与本索引译法略有差异。为尊重原文，本索引所列边码（即原书页码）与原书保持一致，但原书可能因修订而导致索引所列的边码与正文并不完全对应。——译者注

出租人 91，127
催告 95
抽签 6

D

大前提 130
大陆法 101
当事人的权利义务 85
当事人的主观感受 11
当事人的心情 44
当选人 6
盗赃物 72
登记 4
地方特别法 19
定额分配规定 119
动产的占有人 72
动态安全 74
多数决 17，26
多数决滥用 17
多数决原理 18
对价 73，74
对抗 4
对抗要件 5

E、F

二重处罚 168，174
二重限制论 114
恶意 65，155
法的安定性 103，117
法的发现 115
法的基本原则 119
发回重审 102
法律措施 34
法律的制定程序 19
法律解释 129
法律解释论 134
法律面前人人平等 114，119
法律判断 45
法意识 87
日本人的法意识 88
法律政策 5，56，75
法律制裁 66
返还房屋请求诉讼 143
返还请求之诉 70
法社会学 89
法制审议会民法分会财产法小委员会 146

法治主义 89
非保留矿区 9
封闭的理论体系 130
负担 21
福特斑马事件 163

G

概念法学解释论 130
公法 156
公共利益 122
工会 17
公平的观念 58
公然 72，94
公司 17
公司章程修改 18
共同居住判决 142
共用部分 21
共有人 21
购买价格的方式 77
股东大会 18
故意 56，112
管理可能性 135
管辖合意 96
规约 21
贵族院 100
国会 19
国际法 3
国际海底管理局 9
国际货币基金 20
国家赔偿 120
过失 56
过失相抵 60

H

海牙国际私法会议 53
涵盖范围 107
好意 61
好意的保护 64
好意同乘法 64
和解 6，11，98
合同 85
合同的目的 91
合同的条款 86
合同模板 91
恢复原状 53
毁坏财物罪 160
祸不单行的判决 112

J、K

机动车损害赔偿责任险 57
监护人 48
健全的社会常识 34
健全社会常识与平衡感 45
交付 92
交还子女诉讼 46
交涉 8，86
交易 8，85
交易安全 74
解除合同 79，95
解释的边界 110
接种预防疫苗灾难事件 120
借地法、借家法修正案纲要草案 147
借地借家法修改准备会 146
借地权价格 144
精神损害赔偿金 59，169
精神损害赔偿金的计算 171
静态安全 74
纠纷解决方法 3
集团诉讼 175
具体妥当性 101，130
开示程序 165，175
可移动性 135

L、M、N

类推解释 135
乐于助人的精神 60
联合国大会 20
立法 56，151
立法学 67
立法者 66
利害关系人 17
离婚之诉 108
邻人诉讼 60
领土主权 3
利息 109
利益衡量论（利益考量论） 133
氯喹药害诉讼 170
民事法 157
诺成合同 91

O、P、Q

判决理由 11，105
判例 105，117
判例变更 101

判例的不溯及性变更 117
判例法 101
判例集 100
判例在事实上的拘束力 101
赔偿额减额决定程序 166
赔偿金 92
陪审员 164
平稳 72，94
普通法 116
企业 9
契约自由原则 138
情况判决 118
情理 88
亲权人 47
亲告罪 160
区分 106
全递东京中邮事件判决 114
全农林警职法事件判决 114，118
全司法仙台事件判决 114

R

任何人都不能给予他并不拥有的东西 75
忍受的不利益限度 121
人身保护请求 46，115
人身保护命令 46
人身自由 46
日美构造问题会议 148
日本人的契约观念 87

S

三段论方法 131
煽动 114
上级审 102
上级法院 107
上告 103
上告理由 107
善良管理人的注意义务 92
善意 72，94
善意取得 72
少数人的权利 21
社会的稳定 100
审理程序 164
实体法 131
私法 156
司法权 48
司法制度 7

私人司法官 167
受害人的救济 65
损害保险合同 63
损害赔偿 34，157
损害赔偿额 59
损害赔偿请求 59，61
损害赔偿责任 56
损失补偿 121
所有权 71
诉讼经济性 104
诉讼案件爆炸性增长 175

T

特别多数 26
特别法 138
特别影响 21
特别约定 92，138
特别预防 167
特别牺牲 121
特殊不利益 19
特殊情况 107
调解 7
透明性 134
投票的价值 20
土地税制改革 148
土地利用问题 148
退房费 143

W

未必的故意 159
违法 47
违法性的认识 112
违法性认识可能性 112
违法证据排除规则 115
违宪 104
委托 7
文理解释 140
物 135
无偿 58
无过失 72，94
无权利人 72
无主 3

X

瑕疵 92
瑕疵担保责任 94
下级审 102
下级法院 107

先到先得 3
先例 99
先例拘束性原理 100
现实价格的方式 77
限缩解释 114
先占法理 3
小前提 130
协议 6，7
刑法 156
姓名牌 94
刑事案件 104，112
刑事处罚 157
行政指导 156
信赖关系 88
修理义务 92
选举无效请求事件 119

Y

要件 105，130
一般法 138
一般预防 167
遗失物 72
意思能力 49
有偿 58
有价证券 136
有责配偶提出的离婚请求 108
有职故实 99
游说活动 65
原始取得 3
圆满解决 87
预防法学 96

Z

责任保险 63
责任负担能力 64
占有 3
正当事由 127，128，139
债务 110
支配 3
仲裁 6
仲裁的合意 6
重大过失 56
重要事实 105
专利权 31
专利权侵权诉讼 31
追加罚金的制度 169
注意义务 58
自力救济 158
自由竞争的市场 36
罪刑法定 119，135
最高法院 107
租赁合同 91，128

法令、条文、条约索引*

《船员法》第116条　169
《道路交通法》第31条　135
《地租房租管制令》　139
《法律适用通则法》第7条　96
《法院法》
　第4条　102
　第10条第3项　102
《反不正当竞争法》第2条第1款　39
《防止承包价款延迟支付法》第2条第2款　169
《公司法》
　第140条第3款　18
　第309条　18
　第831条第1款第3项　18
《公职选举法》第95条第2款　6
《关于保护犯罪被害人等权益的刑事程序附带措施的法律》　161
《国际儿童诱拐民事方面的条约》　53
《国家公务员法》第110条第1款第17项　114
《国家赔偿法》　121
《建筑物区分所有权法》　16，20
　第4条第1款　21
　第19条　21
　第31条第1款　21，26
《借家法》
　第1条之2　140
　第2条　138

* 本索引所标注页码为本书日文版的页码，即本书页边码。——译者注

第3条　138
第6条　138
《借地借家法》
第26条第1款　149
第28条　149
第38条　151
《机动车损害赔偿保障法》
第3条　57
第5条　57
《劳动基准法》第114条　169
《联合国海洋法公约》　9
《利息限制法》
第1条　109
第1条第2款　110
《民法》
第177条　4
第192条　72，75
第193条　72，78
第194条　73，78—80
第239条　3
第400条　58
第420条　93
第541条　95
第561条　79
第564条　79
第601条　91，138
第617条第1款　138
第659条　58
第703条　80，81
第709条　39，56，59，158
第722条第2款　59，160
第731条至第736条　161
第744条　161
第770条第1款　108
第770条第1款第5项　108
第820条　50
第834条　161
第834条之2　161
《民事诉讼法》
第11条　96
第118条　51
第118条第3款　52
《民事执行法》第2条　158
《人身保护法》第1条　46
《产品责任法纲要第一草案》
第7条　173
《少年法》　50
《失火责任法》　57

《太政官布告》第 103 号 101
《外国汇率以及外国贸易法》 159
《宪法》
第 14 条 119
第 29 条第 3 款 120—123
第 31 条 114
第 39 条 117，118，120
第 76 条第 3 款 101
第 80 条第 1 款 104
第 95 条 19
《刑法》
第 38 条第 3 款 112
第 41 条 50
第 161 条之 2 136
第 163 条 136
第 163 条之 2 第 3 款 136，137
第 176 条 160
第 199 条 157
第 200 条 104，105
第 204 条 157
第 205 条 157
第 209 条 157
第 210 条 157
第 259 条 160
第 261 条 160
第 264 条 160
《刑事诉讼法》
第 405 条第 2 项、第 3 项 102
第 410 条第 2 款 102
《行政事件诉讼法》第 31 条第 1 款 119
《仲裁法》
第 13 条第 1 款 6，96
第 14 条第 1 款 7
第 45 条第 1 款 7
《专利法》第 32 条 31

后 记

本书是《法学教室》杂志连载内容的集合本。最初的连载是1990年4月至9月（第115号至第120号），第二次连载则是1993年4月至9月（第151号至第156号）。当然，不少内容后期经过了大幅修订。

从1984年开始，笔者在东京大学教养学部为即将进入法学院的学生开设了“法学讲义”课程。为了准备教室提问答疑材料、报告的课题以及期末考试的试卷等，笔者考虑了一些可以感受法学乐趣的问题，本书所选的都是笔者曾经使用过的问题。说着“没有标准答案”，让学生吃了不少苦，执笔动机便是希望向学生诸君赎罪。也就是说，自己尝试从正面思考自己设定的问题，作业的成果也就是本书。

本书之所以能成书，还是多亏在密歇根大学以及哥伦比亚大学的2年留学保证了充裕的时间。最初的连载纯粹是为了上述自发的赎罪。当然，留学期间研究的中心工作还是笔者的专业领域，但还是获得了在日本不敢奢望的充裕时间。最初的连载就是在这种宽松的环境下产生的。

对此，决定第二次连载则花了不少时间。思量着将剩下没写的赶快写出来，时间就过了2年，在《法学教室》编辑部的再三劝说下，总算下了决心。但总是抽不出时间，而且由于在日本，手头有大量文献，引用也变得容易了，过于重视教育上的考虑了。在不断催稿中总算完成了作业。无论如何，本书的基本目标还是让读者感受到自己思考的乐趣。笔者自身也借吃午饭等机会与同伴讨论本书探讨的这些话题，从而加深了思考。第二次连载虽说比较艰辛，但是其过程在主观上还是带来了很大的愉悦。

在本书第3版之前，还收录了关于国际私法、国际民事程序法的问题11和关于法律工作者培养的问题12；但是，鉴于这两部分分量较大，而且与法科大学院关系不大，故第4版作出了删除。

此外，本书之所以能成书是因为得到了许多大家的支持。其中，已故星野英一教授通读了第一次连载的原稿，并给予了亲切仔细的指导。另外，当时在职的东京大学法学院的各位前辈、同仁通读了第二次连载的原稿，特别是樋口范雄教授、太田胜造副教授、佐伯仁志副教授、大村敦志副教授（当时）在百忙之中给予了笔者指导。还有比如已故宫崎繁树教授（原明治大学校长）在“蛋糕的分法”问题中提出了仲裁人分蛋糕的观点。在本书结集成册时，有不少地方采纳了学生提出的建议。此外，博士课程的早川吉尚君（现在是立教大学教授）也提出了不少具体的修改意见。再这么写下去恐怕本书篇幅太长了，所以省略不写了。再次感谢对于此前就本书与笔者交流的各位。

最后，真心感谢负责本书企划以及修订的有斐阁出版社的奥贯清、神田裕司、渡边真纪、大原正树诸位。

道垣内正人

2019 年 2 月

法律人进阶译丛

⊙法学启蒙

《法律研习的方法：作业、考试和论文写作（第9版）》，

［德］托马斯·M. J. 默勒斯著，2019年出版

《如何高效学习法律（第8版）》，［德］芭芭拉·朗格著，2020年出版

《如何解答法律题：解题三段论、正确的表达和格式（第11版增补本）》，

［德］罗兰德·史梅尔著，2019年出版

《法律职业成长：训练机构、机遇与申请（第2版增补本）》，

［德］托尔斯滕·维斯拉格 等著，2021年出版

《法学之门：学会思考与说理（第4版）》，［日］道垣内正人著，2021年出版

⊙法学基础

《民法学入门：民法总则讲义·序论（第2版增订本）》，［日］河上正二著，

2019年出版

《法律解释（第6版）》，［德］罗尔夫·旺克著，2020年出版

《民法的基本概念（第2版）》，［德］汉斯·哈腾豪尔著

《民法总论》，［意］弗朗切斯科·桑多罗·帕萨雷里著

《物权法（第32版）》，［德］曼弗雷德·沃尔夫、马尼拉·威伦霍夫著

《债法各论（第12版）》，［德］迪尔克·罗歇尔德斯著

《刑法分则I：针对财产的犯罪（第21版）》，［德］鲁道夫·伦吉尔著

《刑法分则II：针对人身与国家的犯罪（第20版）》，

［德］鲁道夫·伦吉尔著

《基本权利（第6版）》，［德］福尔克尔·埃平著

《德国民法总论（第41版）》，［德］赫尔穆特·科勒著

⊙**法学拓展**

《奥地利民法概论：与德国法相比较》，

［奥］伽布里菈·库齐奥、海尔穆特·库齐奥著，2019年出版

《民事诉讼法（第4版）》，［德］彼得拉·波尔曼著

《所有权危机：数字经济时代的个人财产权保护》，

［美］亚伦·普赞诺斯基、杰森·舒尔茨著

《消费者保护法》，［德］克里斯蒂安·亚历山大著

《日本典型担保法》，［日］道垣内弘人著

《日本非典型担保法》，［日］道垣内弘人著

⊙**案例研习**

《德国大学刑法案例辅导（新生卷·第三版）》，［德］埃里克·希尔根多夫著，2019年出版

《德国大学刑法案例辅导（进阶卷·第二版）》，［德］埃里克·希尔根多夫著，2019年出版

《德国大学刑法案例辅导（司法考试备考卷·第二版）》

［德］埃里克·希尔根多夫著，2019年出版

《德国民法总则案例研习（第5版）》，［德］约尔格·弗里茨舍著

《德国法定之债案例研习（第3版）》，［德］约尔格·弗里茨舍著

《德国意定之债案例研习（第6版）》，［德］约尔格·弗里茨舍著

《德国物权法案例研习（第4版）》，［德］延斯·科赫、马丁·洛尼希著，2020年出版

《德国劳动法案例研习（第4版）》，［德］阿博·容克尔著

《德国商法案例研习（第3版）》，［德］托比亚斯·勒特著

⊙**经典阅读**

《法学中的体系思维和体系概念》，［德］卡纳里斯著

《法律漏洞的发现（第2版）》，［德］克劳斯-威廉·卡纳里斯著

《欧洲民法的一般原则》，［德］诺伯特·赖希著

《欧洲合同法（第2版）》，［德］海因·克茨著

《民法总论（第4版）》，［德］莱因哈德·博克著

《法学方法论》，［德］托马斯·M. J. 默勒斯著

《日本新债法总论（上下卷）》，［日］潮见佳男著